você tem que ouvir isso!

você tem que ouvir isso!

90 LISTAS E MAIS DE 1.700 MÚSICAS INDICADAS POR ARTISTAS, JORNALISTAS E MÚSICOS

Por Luiz Cesar Pimentel
Ilustrações de Dani Hasse

Copyright © 2011 Luiz Cesar Pimentel

Todos os direitos reservados. Nenhuma parte deste livro pode ser reproduzida ou usada de qualquer forma ou por qualquer meio, eletrônico ou mecânico, inclusive fotocópias, gravações ou sistema de armazenamento em banco de dados, sem permissão por escrito, exceto nos casos de trechos curtos citados em resenhas críticas ou artigos de revistas.

A Editora Seoman não se responsabiliza por eventuais mudanças ocorridas nos endereços convencionais ou eletrônicos citados neste livro.

Coordenação editorial: Manoel Lauand
Capa: Dani Hasse
Projeto gráfico: Dani Hasse e Gabriela Guenther
Editoração eletrônica: Estúdio Sambaqui

Dados Internacionais de Catalogação na Publicação (CIP)
(Câmara Brasileira do Livro, SP, Brasil)

Pimentel, Luiz Cesar
   Você tem que ouvir isso! : 90 listas e mais de 1.700 músicas, indicadas por artistas, jornalistas e músicos / por Luiz Cesar Pimentel ; ilustrações de Dani Hasse. -- São Paulo : Seoman, 2011.

ISBN 978-85-98903-29-3

1. Música 2. Música – Apreciação I. Hasse, Dani. II. Título.

11-06745   CDD-780

Índices para catálogo sistemático:
1. Música : Apreciação 780

O primeiro número à esquerda indica a edição, ou reedição, desta obra. A primeira dezena à direita indica o ano em que esta edição, ou reedição, foi publicada.

Edição	Ano
1-2-3-4-5-6-7	11-12-13-14-15-16

Seoman é um selo editorial da Pensamento-Cultrix.

Direitos reservados
EDITORA PENSAMENTO-CULTRIX LTDA.
R. Dr. Mário Vicente, 368 – 04270-000 – São Paulo, SP
Fone: (11) 2066-9000 – Fax: (11) 2066-9008
E-mail: atendimento@editoraseoman.com.br
http://www.editoraseoman.com.br
Foi feito o depósito legal.

Este livro foi bolado para Nina e Lola, minhas filhas,
e é dedicado a elas (assim como tudo o que faço)
e a Telma, minha mulher.

Prefácio

Nina e Lola,

Lembro-me do primeiro disco que comprei. Quer dizer, os dois primeiros, quando tive poder de escolha (ou seja, a avó de vocês emprestou o dinheiro para eu comprar o que quisesse) – *High Voltage*, do AC/DC, e *Never Mind the Bollocks*, do Sex Pistols. E de como os ouvia sem parar. E de como quando os ouvia eu era uma pessoa – uma criança, né? – melhor. Pois tinha lá meus 10 pra 11 anos. Desde então a música me trouxe esse sentimento de onipotência. Onipotência para consumo próprio. Desde então fui guitarrista, baterista, compositor, vocalista, baixista, romântico, lírico, imortal. Mesmo que durante (e quase sempre por) três minutos.

O resultado é que hoje minhas armas para enfrentar quaisquer problemas costumam ser três acordes. Eles me dizem o quê, como, quando e onde fazer. Dificilmente erram. E se o fazem, entendo que na sequência vem a música seguinte, que quase sempre é melhor do que a primeira (este é um dos coelhos nas cartolas dos músicos, mas demorem a aprender esse truque ou finjam que não sabem, caso contrário, não darão a devida importância à primeira vez).

Além dos primeiros discos adquiridos, me lembro da primeira vez que escutei outros pela primeira vez, como o *Show no Mercy*, do Slayer, e mais de dez anos depois, o *In the Aeroplane Over the Sea*, do Neutral Milk Hotel. Em ambos os momentos percebi claramente uma linha divisória em minha vida. Sei que são apenas manifestações sonoras de um quarteto ou quinteto. Mas sei que não são apenas manifestações sonoras. Arte muda vidas. O talento de certas pessoas muda sua forma de pensar, sua forma de encarar o mundo e a quantidade de problemas embaixo do tapete deste. Música muda vidas.

É apenas energia, algo impalpável a preencher o silêncio. A vida também é apenas isso, se vocês considerarem isso algo a ser classificado como apenas.

Esta é a mágica que quero mostrar a vocês. A capacidade que, como seres humanos, vocês têm de usar seus melhores recursos e talentos para melhorar a vida de outras pessoas. Sejam esses talentos musicais, científicos, de cura ou tão somente a tríade gentileza, bondade e educação, que superam qualquer aptidão inata. Como não tenho os outros, me esforço no trio. Mas não quero ser egoísta a ponto de achar que fornecerei todas as armas que podem lhes servir quando o recorte é musical.

Tento fazer meu papel todos os dias, do modo menos invasivo possível. Mas às vezes não tenho escolhas. E quero que vocês as tenham.

Os nomes de vocês são musicais. Nina, de Nina Hagen, que me encantava quando veio louca ao Brasil para o Rock in Rio 1, em 1985, e/ou de Nina Simone, que sempre encanta. Lola, dos Kinks, do disco e música, que eu urrava na casa do meu amigo Tato, também em 1985, quando roubávamos o disco *One for the Road* do irmão dele, o Lelo. Ficávamos horas cantando a música que te batiza (mas que fique claro que não entendia a letra e que esta não tem qualquer relação com você. É tão somente pela sonoridade). ;-)

Dito isto, reafirmo: não quero ser egoísta a ponto de achar que vocês devem seguir meu caminho. Ficarei realizado se seguirem os próprios, seja lá quais forem. Por isso, com este livro, quis mostrar que há várias estradas para o destino de cada uma. E de cada um.

Contei com a generosidade dos amigos, de quem confio o gosto musical pela reverência com que tratam o assunto, e cada uma das pessoas a seguir se prontificou de maneira sublime a mostrar a estrada que trafegou.

Os requisitos iniciais eram: ter gosto musical e ser amigo. Pois é tudo o que vocês precisam para chegar lá: um norte e um bom amigo.

A proposta foi simples como: "quais são as 20 músicas que vocês acham que elas devem ouvir ao menos uma vez na vida?".

Encoberto estava o desafio – quais foram as músicas que mudaram sua vida e você considera que tenham potencial para fazer o mesmo com uma criança. Ou adolescente. Ou mesmo adulto. Anciã, talvez. Sempre é hora de mudar. Se vocês tiverem fé não importa o quanto rodaram – zerem tudo e façam o que lhes diz a voz interna, que geralmente tem o curto caminho de dois palmos, do coração ao cérebro.

Naturalmente o grupo de conselheiros foi se formando a partir de pessoas que trabalham com música – ou tocando ou escrevendo sobre ou espalhando. Depois cresceu por força própria para além dos amigos próximos. E fiz novos amigos que igualmente, de maneira generosa, contribuíram nesse mapa-múndi da canção com seus próprios *highlights*.

Nas cartas que escrevem em forma de mixtapes, vocês encontrarão de jazz a thrash metal. Um leque de possibilidades que não poderia lhes fornecer *without a little help from my friends*. Nelas, vocês aprenderão que o mundo é bem maior que a casa onde moram com papai e mamãe. Mas, por favor, demorem a perceber o quanto papai é limitado, tá? Pois não existe nada como o olhar contemplativo de vocês quando faço algo legal, como se eu encarnasse o próprio menino Jesus.

Assim, coloco minha própria seleção em meio às outras.

Como filhas, espero que vocês digam que a minha é a melhor de todas. Mesmo que isso não seja verdade. Simplesmente porque é importante para o papai, já que desde que nasceram meu mundo é vocês. Todos os pais e mães deste livro têm direito a esse arroubo egoísta.

Vocês terão também quando forem mães. Mas este é assunto para outra hora. O egoísmo foi apenas um solo no meio da canção. Voltemos a esta.

Ou a estas. Todas. Milhares se formaram enquanto a ideia ganhava corpo. E com um pouco de sorte, outras milhares nascerão – esta é a ideia dos espaços em branco ao final, para que outros pais, mães e filhos peçam para os próprios amigos mostrarem as que lhes foram importantes.

No meu caso, como quis respeitar o espaço de cada amigo, os retornos vieram das formas mais variadas.

Alguns mandaram listas de músicas palatáveis aos ouvidos infantis; outros, de músicas que acreditam ser dotadas do toque da transformação. Isso só veio a comprovar que a liberdade que se dá às outras pessoas traz resultados incríveis, já que com espaço e estímulo positivo da aptidão natural cada pessoa extrai o melhor que pode naturalmente.

Dentro do melhor de cada, o ecletismo trouxe uma crocância que, sozinho, não conseguiria.

Um universo lúdico está aberto para vocês viajarem em balões azuis, entrarem em ambientes climáticos e sofisticados, jazzísticos e experimentarem a energia física de *mosh pits*.

Por favor, olhem tudo sem preconceito. No caso, ouçam sem preconceito. Como espero que vocês encarem a vida, com camisas de cientistas e colocando a experiência à frente do julgamento.

Em um universo de escolhas selecionadas, muitas vezes essas se repetem, e as mesmas canções aparecem em duas, três listas diferentes. Peço mais um favor e de novo: ouçam sempre como se fosse a primeira vez. Isso é o que tento fazer com tudo de bom que me acontece – repetir e superar o entusiasmo da vez anterior.

Aí vocês entenderão como é possível amar Nina e Lola da mesma forma. E eternamente. Como perdura uma boa música.

Com amor do papai.
Verão de 2011

Fernanda Takai
(Pato Fu e mãe da Nina)

"My Favorite Things" – Julie Andrews

"Alma Não Tem Cor" – Karnak

"She Loves You" – The Beatles

"Debaixo dos Caracóis dos Seus Cabelos" – Nara Leão

"O Mar Serenou" – Clara Nunes

"Mucuripe" – Roberto Carlos

"Dream a Little Dream of Me" – The Mamas & The Papas

"Weekend" – Blitz

"Cherish" – Madonna

"Sonífera Ilha" – Titãs

"Corcovado" – Everything But the Girl

"Dancing Queen" – Abba

"Procissão" – Gilberto Gil & Os Mutantes

"The Four Seasons" – Vivaldi por Karajan

"Alright" – Supergrass

"Rosa Morena" – Rosa Passos

"Playboy Playgirl" – Pizzicato Five

"Vôo de Coração" – Ritchie

"Please Mr. Postman" – Carpenters

"The Long and Winding Road" – Paul McCartney

Leandro Sá
(guitarrista da Bidê ou Balde
e pai de uma adolescente de 16 anos)

"Beautiful Boy (Darling Boy)" – John Lennon
Belíssimo momento entre pai e filho.

"Matilda Mother", "Flaming", "The Gnome" e "Bike" – Pink Floyd
Todas do mesmo fabuloso disco The Piper at the Gates of Dawn.

"Happy Jack" – The Who
Crianças, adolescentes, adultos e velhos roqueiros adoram o videoclipe da música.

"Os Sete Cabeludos" – Roberto Carlos
Uma criança facilmente se apaixona por histórias complexas com finais confusos.

"Coffee and TV" – Blur
Vale a pena assistir o videoclipe como acompanhamento.

"Vida de Cachorro" – Os Mutantes
O importante elo (muitas vezes perdido) com os bichos.

"Todos Juntos" – Os Saltimbancos Trapalhões
Hino final dos Saltimbancos na versão dos Trapalhões, obviamente!

"Strawberry Fields Forever" – The Beatles
Reminiscência infantil universal.

"Beth" – Kiss
Um dos verdadeiros motivos pelo qual os adultos não podem estar presentes em casa o tempo todo.

"Running Free" – Iron Maiden
Just sixteen...

Vivi Peçaibes
(vocalista e tecladista da Bidê ou Balde e mãe da Amanda)

Trilha para acordar (e ficar pulando em cima da cama):

"Love Cats" – The Cure

"Yellow Submarine" – The Beatles

"Buggin'" – Flaming Lips

"Rock Lobster" – The B-52's

"Bohemian Rhapsody" – Queen

Trilha para dormir (e sonhar que está voando):

"Island in the Sun" – Weezer

"Jealous Guy" – John Lennon

"Yoshimi Battles the Pink Robots" – Flaming Lips

"Something" – The Beatles

"Space Oddity" – David Bowie

Fábio Elias
(Relespública)

"All You Need is Love" – The Beatles

"Burning Love" – Elvis Presley

"You Can't Always Get What You Want" – The Rolling Stones

"Baba O'Riley" – The Who

"Like a Rolling Stone" – Bob Dylan

"Sleepwalk" – The Shadows

"Gita" – Raul Seixas

"God Only Knows" – The Beach Boys

"Disco Voador" – Sérgio Reis

"That's Entertainment" – The Jam

"Candy" – Iggy Pop

"Respect" – Aretha Franklin

"Georgia on my Mind" – Ray Charles

"Tangerine" – Led Zeppelin

"On the Road Again" – Willie Nelson

"Ring of Fire" – Johnny Cash

"Como um Anjo" – César Menotti e Fabiano

"Layla" – Eric Clapton

"Não Fique Sozinha" – Fábio Elias

"Nunca Mais" – Relespública

Patty Ascher
(cantora)

"Round Midnight" – com Ella Fitzgerald

"Hey Jude" – The Beatles *(é claro!)*

"What a Wonderful World" – Louis Armstrong *(só vale a original)*

"Sabe Você" – Vinicius e Carlos Lyra *(lindo, lindo)*

"Nós e o Mar" – Roberto Menescal e Ronaldo Bôscoli

"Sunshine of Your Love" – Cream *(mas com Ella Fitzgerald é tudo)*

"Minnie, the Mochie" – Cab Calloway *(que fazia moonwalk antes do Michael Jackson)*

"Peter Gun" – Henry Mancini *(a gravação da Sarah Vaughan é imperdível)*

"Chovendo na Roseira" – Tom Jobim *(maestro soberano)*

"Nada Será Como Antes" – Milton Nascimento *(choro toda vez que ouço)*

"La Vie em Rose" – Edith Piaf

"La Valse de Lilas" – Le Grand Michel *(le grand)*

"Light my Fire" – The Doors

"Quizas" – Nat King Cole *(é minha versão predileta)*

"Mr. Bojangles" – Sammy Davis Jr.

"The Long and Winding Road" – Beatles *(eles mereciam uma lista só deles)*

"Zazueira" – Jorge Ben *(amo)*

"Mãe Natureza" – Rita Lee *(salve Rita Lee)*

"Tightrope" – Janélle Monae *(sensacional)*

"Ain't Necessarily So" – George Gershwin *(só podia fechar com uma dele)*

Gabriel Thomaz
(Autoramas)

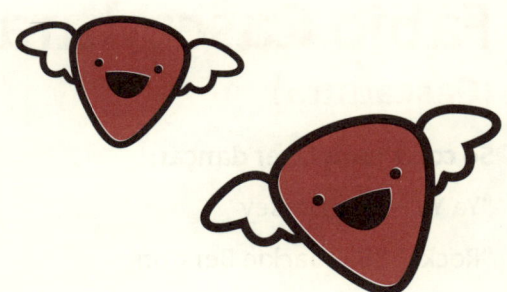

"Rock Lobster" – The B-52's

"Surfin' Bird" – Trashmen

"Mechanical Man" – Devo

"Go!" – Tones On Tail

"Minha Fama de Mau" – Erasmo Carlos

"High School Confidential" – Jerry Lee Lewis

"Somethin' Else" – Eddie Cochran

"Yesterday" – Fred Banana Combo

"Nem Sim, Nem Não" – Eduardo Araújo

"Borstal Breakout" – Sham 69

"En La Línea" – Perrosky

"Los Mirlos" – Sonido Amazonico

"Bailaré Sobre tu Tumba" – Siniestro Total

"Wait" – The Beatles

"Bitch" – The Rolling Stones

"Baja" – Astronauts

"Pokey Lou" – The Bunnies

"Pretty Good Looking For a Girl" – White Stripes

"It Won't Be Long" – The Beatles

"Dick Tracy" – Ventures

Fábio Cascadura
(Cascadura)

Só coisa para fazer dançar:

"Ya Ya" – Lee Dorsey

"Rocket 88" – Jackie Berston

"Tia Nastácia" – Dorival Caymmi

"Foolish Little Girl" – Dionne Bromsfield

"Keep on Pushing" – Curtis Mayfield & the Impressions

"Walking in the Room" – The Seachers

"The Swinging Blue Jeans" – Gotta Draw the Line (Sidney)

"Love Me, Please Love Me" – Michel Poulnareff

"Ana no Duerme" – Almendra

"Rescue Me" – Fontella Bass

"Wanna Be Startin' Something" – Michael Jackson

"Sapori di Sale" – Gino Paoli

"Alegria Alegria" – Caetano Veloso

"Rip it Up" – Little Richard

"Disney Girls" – The Beach Boys

"Brown Eyed Girl" – Van Morrison

"Quando" – Roberto Carlos

"Green Onions" – Booker T and The MG's

"Caravan" – Duke Ellington

"Pata Pata" – Miriam Makeba

Chuck Hipolitho
(VJ, Vespas Mandarinas e pai da Nina)

Sequência para salvar a alma de qualquer garota:

"California Stars" – Billy Bragg & Wilco

"Shouldn't Be Ashamed" – Wilco

"Would I Lie to You Baby" – Charles & Eddie

"Danny Says" – Ramones

"One Love" – Bob Marley

"I'm Only Sleeping" – The Beatles

"Time Waits For no One" – The Rolling Stones

"Satisfied Mind" – Johnny Cash

"Hella Good" – No Doubt

"Soul to Squeeze" – Red Hot Chili Peppers

"No Song Unheard" – Hellacopters

"Heart in a Cage" – The Strokes

"Tennis Shoes" – The Bicycle Thief

"Search and Destroy" – The Stooges

"Ela Disse Adeus" – Os Paralamas do Sucesso

"Alison" – Elvis Costello

"Wish You Were Here" – Pink Floyd

"Come On Eileen" – Dexy's Midnight Runners

"Straight to Your Heart (Like a Cannonball)" – Van Morrison

"Live Wire" – AC/DC

Paulo James
(Acústicos & Valvulados)

"That's All Right" – Elvis Presley
"No Particular Place to Go" – Chuck Berry
"Somethin' Else" – Eddie Cochran
"Help!" – The Beatles
"I Need You" – The Kinks
"Tombstone Blues" – Bob Dylan
"Pictures of Lily" – The Who
"Rocks Off" – The Rolling Stones
"Você Não Serve pra Mim" – Roberto Carlos
"Top Top" – Os Mutantes
"Eu Também Vou Reclamar" – Raul Seixas
"Agora Só Falta Você" – Rita Lee
"Pretty Vacant" – Sex Pistols
"I Wanna be Well" – Ramones
"Hateful" – The Clash
"Little Miss Prissy" – Stray Cats
"Tô na Mão" – TNT
"Menstruada" – Cascavelletes
"Wiggle Stick" – Reverend Horton Heat
"Supersonic" – Oasis

Bianca Jhordão
(Leela e apresentadora de TV)

Queridas Nina & Lola,
Seu pai me pediu para indicar 20 músicas para vocês ouvirem pela vida e, como vocês são garotas superpoderosas, só estou indicando bandas que tenham mulheres em sua formação ou cantoras que curto bastante. Espero que gostem e aproveitem bastante!

"Standing in the Way of Control" – Gossip

"Heads Will Roll" – Yeah Yeah Yeahs

"Connection" – Elastica

"Candy" – Iggy Pop & Kate Pierson

"Deceptacon" – Le Tigre

"I Feel it All" – Feist

"Respect" – Aretha Franklin

"Dress" – PJ Harvey

"Call Me" – Blondie

"A Nossa Melhor Noite" – Leela

"Violet" – Hole

"Cannonball" – The Breeders

"My Favourite Game" – The Cardigans

"Girls Just Want to Have Fun" – Cyndi Lauper

"100%" – Sonic Youth

"Sei" – Brollies & Apples

"Be My Baby" – The Ronettes

"52 Girls" – The B-52's

"Pobre Patricinha" – Bia Grabois

"Trick Pony" – Charlotte Gainsbourg

Dary Jr.
(Terminal Guadalupe, jornalista e pai do Chico)

Nacional

"Metal Contra as Nuvens" – Legião Urbana

"Abraços e Brigas" – Edgard Scandurra

"Será que Eu Vou Virar Bolor?" – Arnaldo Baptista

"Manobristas de Homens" – Violins

"1.8" – Pato Fu

"Sentimental" – Los Hermanos

"Curta-Metragem" – Engenheiros do Hawaii

"Lunik 9" – Giberto Gil

"Vai Passar" – Chico Buarque

"Burocracia Romântica" (*versão 2009*) – Terminal Guadalupe

Internacional

"Bohemian Rhapsody" – Queen

"A Day in the Life" – The Beatles

"He's Simple, He's Dumb, He's the Pilot" – Grandaddy

"Stay" – U2

"I'll Take the Rain" – R.E.M.

"The Trooper" – Iron Maiden

"Blitzkrieg Bop" – Ramones

"Atmosphere – Joy Division

"Highway Star" – Deep Purple

"True Love Waits" – Radiohead

Thadeu Meneghini
(Vespas Mandarinas, Banzé)

"Novos Tempos" – Fábio Jr.

"Pais e Filhos" – Legião Urbana

"Nós, os Filhos" – Fábio Jr.

"Filha" – Otto

"Família" – Titãs

"Por Tudo o que For" – Lobão

"Cachaça Mecânica" – Erasmo Carlos

"Apenas Mais Uma de Amor" – Lulu Santos

"Há Dez Anos Passados" – As Mercenárias

"O Homem" – Paralamas do Sucesso

"Revelação" – Fagner

"Tem que Acontecer" – Sérgio Sampaio

"Homem Velho" – Cidadão Instigado

"Você as Vezes até Sou Eu" – Wando

"Abraços e Brigas" – Edgard Scandurra

"Êxtase" – Guilherme Arantes

"Nunca Mais" – Odair José

"Super Heróis" – Raul Seixas

"Mademoiselle Marchant" – Júpiter Maçã

"Desvio Mental" – Dom e Ravel

Carlos Lopes
(Dorsal Atlântica, Usina Le Blond, Mustang, escritor e jornalista)

Pensei em músicas sensíveis e que falassem de bons sentimentos e que, é claro, pudessem agradar às crianças. Antes de fazer a lista, imaginei as meninas dançando na sala entre os brinquedos espalhados pelo chão, sem barreiras de língua ou época.

"Sítio do Pica-Pau Amarelo" – Gilberto Gil
Simplesmente uma composição perfeita com cheiro de fazenda, que encantou minha infância e que me encanta até hoje. Não consigo pensar em comer porco por causa do Rabicó!

"Plunct, Plact, Zum" – Raul Seixas
Rock and roll para crianças que os adultos adoram. O nosso submarino amarelo. Toca RAUL!

"O Leãozinho" – Caetano Veloso
Não tem coisa mais fofa do que essa canção: "Gosto muito de te ver, leãozinho". Esqueçam as conotações adultas, foquem na beleza das palavras, na melodia e balancem os corpinhos ao som do leãozinho.

"Mas que Nada" – Jorge Ben
Há duas músicas que são a cara do Brasil para os gringos: "Brazil" (Aquarela do Brasil) e "Mas que Nada". Não há canção "internacional" sobre o Brasil melhor do que essa para sambar, pular e dançar.

"Yellow Submarine" – The Beatles
O mundo mágico dentro de um submarino amarelo. Havia uma versão em português cantada por bonecos da Vila Sésamo (em preto e branco) nos anos 1970. Se essa canção me fez bem, fará às sobrinhas.

"(Sittin' On) The Dock of the Bay" – Otis Redding
Antes de deixar o mundo, o cantor de soul Otis nos legou uma canção contemplativa, daquelas que a gente para para curtir a vida, amar o que é belo e bom.

"Preta Pretinha" – Novos Baianos
Baianada antiga da boa mais uma canção malemolente dá o quê? Música imortal em um ritmo desacelerado, diferentemente das inúteis aceleradas de hoje.

"A Banda" – Chico Buarque
Para cantar batendo palmas sob a batuta de um gênio com cara de anjo.

"Não Quero Dinheiro" – Tim Maia
Há coisa mais perfeita do que uma mensagem clara que todos concordam? "Não quero dinheiro, só quero amar." Se todas as crianças fossem educadas com essa canção, haveria menos adultos materialistas.

"Day by Day" – Gospel (filme)
Deve ter sido um dos primeiros filmes que assisti no cinema quando criança e gostei muito, me emocionei com as músicas. Óperas-rock estavam na moda e os hare krishnas estavam em todas as esquinas cantando "day by day".

"O Vira" – Secos e Molhados
Nos anos 70 era necessário burlar a censura com inteligência, falar sobre liberdade com sutileza, mas como fazer isso com três marmanjos rebolativos com caras e bocas pintadas? Na verdade, ninguém fez nada, e as crianças adoraram o glam nacional porque era ótimo e brasileiro.

"Aquarela Brasileira" – Silas de Oliveira (Império Serrano)
Um samba-enredo belíssimo e nada melhor do que começar por esse para empolgar seus coraçõezinhos nas avenidas da vida.

"Geno" – Dexy's Midnight Runners
Os eternos anos 80 se tornam mais eternos quando músicas perfeitas como essa encantam crianças.

"I Feel Good" – James Brown
Escute com o coração e use os quadris. Dance e se "sinta bem"!

"Aquarela" – Toquinho
Uma composição que me faz bailar rindo e chorar de felicidade. Como é possível? Pureza é o que essa canção significa: um lápis que transforma uma página branca em um mundo mágico.

"A Pulga" – Bebel Gilberto
Do especial de TV e disco "A Arca de Noé", de Vinícius de Moraes, baseado no livro homônimo que o poeta escreveu para os seus filhos.

"Oito Anos" – Adriana Calcanhoto
Música moderna com questionamentos modernos para crianças modernas.

"Já Sei Namorar" – Os Tribalistas
Composição de gênios, pegajosa e fofa. "Já sei chutar a bola! Eu quero é ser feliz!"

"Hino do Botafogo" – Lamartine Babo
Nem vou explicar pois me dá vontade de chorar...

"Hino Nacional" – letra de Joaquim Osório Duque Estrada
Todo brasileiro deveria se emocionar – desde criança – com as palavras "amor, esperança, risonho, belo, sol, paz, liberdade, igualdade, sonho e flores".

Clemente
(Inocentes e Plebe Rude)

"Raw Power" – Iggy & The Stooges

"Kick Out the Jams" – MC5

"Jet Boy" – New York Dolls

"Corredor Polonês" – Patife Band

"Canalha" – Walter Franco

"Innocents" – John Cooper Clarke

"Irrelevant Battles" – Patrick Fitzgerald

"Sonic Reducer" – Dead Boys

"Garbage Man" – The Cramps

"Botas, Fuzis e Capacetes" – Olho Seco

"Oi, Tudo bem?" – Garotos Podres

"Palpebrite" – Cólera

"Pesadelo" – Paulo Cesar Pinheiro

"Nego Dito" – Itamar Assumpção

"Magrelinha" – Luiz Melodia

"Roots" – Sepultura

"Até Quando Esperar" – Plebe Rude

"Pânico em SP" – Inocentes

"54/46 Was My Number" – Toots & The Maytals

Lorena Hollander
(Diafanes)

"Eleanor Rigby" – The Beatles
"Construção" – Chico Buarque
"Push It" – Garbage
"Panis et Circenses" – Os Mutantes
"The Great Gig in the Sky" – Pink Floyd
"Bodysnatchers" – Radiohead
"Soma" – Smashing Pumpkins
"Black Hole Sun" – Soundgarden
"Bachiana Nº 5 (Cantilena)" – Villa-Lobos
"Revolution Earth" – The B-52's
"As Rosas Não Falam" – Cartola
"I Can't Stop Loving You" – Ray Charles
"No One Knows" – Queens of the Stone Age
"Crazy Little Thing Called Love" – Queen
"The House Jack Built" – Metallica
"Summertime" – George Gershwin
"Jailhouse Rock" – Elvis Presley
"Com Que Roupa?" – Noel Rosa
"Oblivion" – Astor Piazzola
"Elevador" – André Abujamra

Joe (Pitty)

"Ben" – Michael Jackson
As pessoas têm que ouvir simplesmente porque é Michael Jackson.

"Você não soube me amar" – Blitz
Revolucionou os anos 80 no Brasil e é divertidíssima.

"Satisfaction" – The Rolling Stones
Ouvi pela primeira vez no carnaval de Salvador, num trio elétrico de Armandinho, Dodô e Osmar, quando era guri. Essa música é a energia do rock!

"Sincerely" – The Moonglows
A melodia vocal é simplesmente linda!

"Raio Laser" – Pepeu Gomes
Sensacional!

"Axé pra Lua" – Luiz Caldas
Para quem gosta de dançar, essa música me fazia pular quando era adolescente.

"Filho Único" – Erasmo Carlos
Sempre achei essa música um depoimento muito sincero.

"Positive Vibrations" – Bob Marley
Ouvi muuuuuito esse disco, e em especial essa música, pois foi meu primeiro vinil.

"Groove Me" – versão dos Blues Brothers
Sabe essas músicas que você ouve e seu dia fica alegre e colorido? Essa música funciona assim pra mim.

"Day Tripper" – The Beatles
Fiquei louco quando ouvi o baixo dessa música, foi como ouvir um instrumento que não era a guitarra fazendo um solo. Me influenciou muito a querer tocar baixo.

"The Catacomb Keeper" – The Dead Billies
Quando ouvi o resultado dessa música, na primeira demo que gravei na vida, foi marcante. Pode não significar muito para as outras pessoas, mas para mim foi como se estivesse descobrindo meu mundo. Foi divertidíssimo.

"I Won't Stand in Your Way" – The Stray Cats
Uma das baladas mais lindas que já ouvi em minha vida. Sem falar que eles estão entre as minhas duas bandas favoritas do mundo.

"In The Fade" – Queens of the Stone Age
Para mim uma das músicas mais interessantes que já ouvi. Preste atenção na marcação do baixo e na voz de Mark Lannegan. Acho a banda uma das três melhores do mundo.

"Give It Away" – Red Hot Chilli Peppers
Quando escutei essa música no rádio em Salvador fiquei maluco com o som. O baixo me lembrava "Come Together", dos Beatles, e a batida da bateria era moderníssima. Ainda tinha o vocal meio hip hop com a guitarra funk. A coisa mais impressionante que tinha ouvido até então.

"Bossa Nostra" – Nação Zumbi
Lembro que estava no carro de amigos e ouvíamos rádio quando começou a tocar essa música e ninguém sabia direito o que era, mas quando a voz entrou não tive dúvida: Nação Zumbi. É uma música cheia de raiz e moderna até onde se pode alcançar.

"Lonely Teardrops" – Jackie Wilson
Música para dançar. Se puder ver qualquer imagem dele em ação cantando essa música vai dar pra entender. Demais!

"Johnny B. Goode" – Chuck Berry
Tem que ouvir porque não dá pra falar de rock sem conhecer o riff dessa música.

"O Portão" – Roberto Carlos
Fico muito emocionado toda vez que ouço os acordes iniciais dessa música. É uma bela canção.

"Primavera (Vai Chuva)" – Tim Maia
Black music brasileira da melhor qualidade.

Qualquer uma de Elvis Presley: O REI DO ROCK!

Katey Judd
(cantora)

"Somewhere Over the Rainbow" – Judy Garland
Minha música favorita de todos os tempos. Quando era criança a ouvia o tempo inteiro. A história e a lição por trás da letra é muito especial, sobre romper barreira e saber que sempre é possível alcançar o que se quer (combinado ao talento de Judy Garland se torna a número um para mim).

"I Will Always Love You" – Whitney Houston
A melhor power ballad já composta. Ninguém chegou perto da emoção de Whitney ao gravar esta canção. É uma música que posso escutar várias vezes sem enjoar.

"La Isla Bonita" – Madonna
Quando criança costumava ouvir mulheres poderosas, como a Madonna, que até hoje consegue equilibrar a força e o talento pop. Carrego essa música comigo aonde quer que eu vá.

"Hand in My Pocket" e "Mary Jane" – Alanis Morisette
Amava as duas músicas quando era pequena e, ainda hoje, essas canções mexem emocionalmente comigo. Alanis sempre foi e será um exemplo para mim.

"Cornflake Girl" – Tori Amos
Esta é favoritíssima e não me canso de recomendar que as pessoas a escutem. É um dos mais belos vocais e piano da história, de uma artista brilhante.

"White Wedding" – Billy Idol
Sou especialmente apaixonada por Billy Idol e esta canção, em particular, é extremamente grudenta – rock clássico!

"Bohemian Rhapsody" – Queen
Canção e vocal que figuram entre os melhores já escritos.

"Sweet Dreams" – The Eurythmics
Quem consegue não amar Annie Lenox ou esse refrão extremamente famoso?

"Alone" – Heart
Clássica power ballad dos anos 1980 com uma das melhores vozes femininas da música.

"It Must Have Been Love" – Roxette
O vocal me causa arrepios. Adorável.

"Sweet Child of Mine" – Guns N' Roses
Sempre entre as favoritas.

"Beat It" – Michael Jackson
Um de meus maiores ídolos é Michael. Tudo o que ele fez e compôs é especial, principalmente esta canção.

"Don't Speak" – No Doubt
Cresci me achando a Gwen Steffani, e esta era minha música.

"Glorybox" – Portishead
Essa é uma canção que me assombra, e eu a amo cada dia mais. Só cresce minha vontade de ouvir mais uma vez, e outra vez...

"Time is Running Out" – Muse
Paixão à primeira ouvida – quando escutei pela primeira vez, caí dos meus saltos e me apaixonei.

Rodrigo
(Dead Fish)

"Fight the Power" – Public Enemy

"White is on the Moon" – Gil Scott-Heron

"My War" – Black Flag

"California Über Alles" – Dead Kennedys

"In My Eyes" – Minor Threat

"F.M.S. (Fuck Male Supremacy)" – Fun People *(mas o álbum inteiro vale a pena)*

"Kill 'Em All" – Metallica *(o disco todo)*

"Tommy Gun" – The Clash

"Kill All the White Man" – NOFX

"Blueprint" – Fugazi

"Sossego" – Tim Maia *(recomendo a obra inteira)*

"Matriz e Filial" – Jamelão *(na verdade é uma música do Lupicínio Rodrigues)*

"Amigo" – Roberto Carlos

"Diário de um Detento" – Racionais MC's

"A Vida é um Moinho" – Cartola

"Sofrer" – Ratos de Porão

"Chaos A.D." – Sepultura

"Surfista Calhorda" – Replicantes

"Sítio do Pica-Pau Amarelo" – Gilberto Gil

"Guri" – Mukeka di Rato

Rodolfo Krieger
(Cachorro Grande e pai do Arthur)

"Silly Love Songs" – Paul McCartney & The Wings
"Sin City" – Flying Burrito Brothers
"Trust" – Pretty Things
"Little Games" – Yardbirds
"Girl" – The Beatles
"Don't Worry Baby" – Keith Moon
"Bike" – Pink Floyd
"English Rose" – The Jam
"Child of the Moon" – The Rolling Stones
"Armenia City in the Sky" – The Who
"Lazy Sunday" – Small Faces
"I Really Love You" – George Harrison
"I Love You" – The Bees
"Beautiful Thing" – Eric Clapton
"St. Petersburg" – Supergrass
"It Don't Come Easy" – Ringo Starr
"Strawberry Fields Forever" – The Beatles
"'Til Death Do Us Part" – The Kinks
"Time to Pretend" – MGMT
"Lovebug" – Ian Brown
"Friday's Child" – Nancy Sinatra

Samuel Rosa
(Skank)

"Help" – The Beatles
Meu primeiro contato com a música.

"Trem de Doido" – Clube da Esquina, com Lô Borges e Milton Nascimento
Descobri que compatriotas também faziam rock de boa qualidade.

"Tears of a Clown" – The Beat
Quando a versão fica melhor que a música original.

"Mind Games" – John Lennon
A alma do maior ídolo pop do século 20.

"Outubro" – Milton Nascimento
Qualquer uma do álbum Courage, feito para o mercado americano, poderia entrar na lista. Como disse certa vez o Erasmão: uma espécie de "Tropicália das Montanhas".

"Os Alquimistas estão Chegando" – Jorge Ben
Tábua de Esmeralda, de tão obra-prima, não sei se é mais "óbvio" ou "obrigatório".

"Je T'aime... Moi Non Plus" – Jane Birkin & Serge Gainsbourg
Um pouco impróprio para menores, mas se é pra começar as aulas de educação sexual, que seja com esses professores.

"Everybody's Talkin'" – Harry Nilsson
Trilha do filme Midnight Cowboy, uma das mais belas canções que conheço.

"Sábado Morto" – Erasmo Carlos
Sonhos e Memórias. Psicodelia pós-Jovem Guarda.

"God Only Knows" – The Beach Boys
Escola até pros Beatles.

"Amor" – Secos & Molhados
Me lembro de todo o Brasil cantando com eles, inclusive as crianças como eu. Para aqueles que acham que música de qualidade não pode se tornar fenômeno de massa.

"Concrete Jungle" – Bob Marley & The Wailers
A invasão estava só começando. Wailers com sua formação "Dream Team": Bob Marley, Peter Tosh e Bunny Wailer.

"What's Going On" – Marvin Gaye
Cheiro dos anos 1970.

"Coffee and TV" – Blur
Uma das melhores músicas do Britpop.

"And Your Bird Can Sing" – The Beatles
Vale pelo maravilhoso solo de guitarra.

"I Can't Explain" – The Who
O que exatamente os punks dizem que inventaram que já não estava aqui antes?

"Young Folks" – Peter Bjorn & John
Só pra não esquecer que estamos no século 21, né? Delícia de canção, parece um pouco ingênua, mas não é.

"Belo Horizonte" – Dick Dale
Como um americano, guitarrista e ícone da Surf Music foi fazer a melhor homenagem musical à cidade?

"Mulher de Fases" – Raimundos
A melhor tradução do rock brasileiro pós-anos 80.

"O Segundo Sol" – Nando Reis
Os anos passam e ela continua a me surpreender.

Cabal (rapper)

História (resumida) do Hip Hop em 20 músicas.

Old School
"Planet Rock" – Afrika Bambaataa
"Rapper's Delight" – Sugarhill Gang
"The Message" – Grand Master Flash
"Step into a World" – KRS-One
"Guess Who's Back" – Rakim

G.O.A.T. – Greatest Of All Time
"All Eyez on Me" – 2Pac
"Big Poppa" – Notorious B.I.G.
"Triumph" – Wu-Tang Clan
"Renegade" – Jay-Z & Eminem
"If I Ruled the World" – Nas & Lauryn Hill

Future Sounds
"Still D.R.E." – Dr. Dre & Snoop Dogg
"Ayo Technology" – 50 Cent, Timbaland & Justin Timberlake
"All Falls Down" – Kanye West
"A Milli" – Lil Wayne
"Boom Boom Pow" – Black Eyed Peas

RapBR
"Sr. Tempo Bom" – Thaíde & DJ Hum
"Capítulo 4, Versículo 3" – Racionais MC's
"Qual É" – Marcelo D2
"Enxame" – SP Funk, RZO & Sabotage
"Senhorita" – Cabal

Bonus Tracks: Rap X Rock collabos
"Walk This Way" – Run-D.M.C. & Aerosmith
"Fight For Your Right" – Beastie Boys
"Rock The Bells" – LL Cool J
"Judgment Night" – Onyx & Biohazard
"99 Problems" – Jay-Z

Pe Lu
(Restart)

"Wonderwall" – Oasis

"What it Takes" – Aerosmith

"Dead Leaves and the Dirty Ground" – White Stripes

"Blackbird" – The Beatles

"Neon" – John Mayer

"In Your Atmosphere" – John Mayer

"Anything Goes" – Guns N' Roses

"Satisfaction" – Benny Benassi

"Chega de Saudade" – João Gilberto

"O Leãozinho" – Caetano Veloso

"Iris" – Goo Goo Dolls

"Basket Case" – Green Day

"Fear of the Dark" – Iron Maiden

"Could You Be Loved" – Bob Marley

"I Gotta Feeling" – Black Eyed Peas

"Vienna" – Billy Joel

"TNT" – AC/DC

"Nego Drama" – Racionais MC's

"All Along the Watchtower" – Jimi Hendrix

"Killing In The Name Of" – Rage Against the Machine

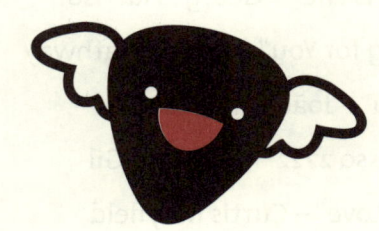

Nando Reis
(cantor e compositor)

"Red Hot Mamma" – Funkadelic

"I'm Still Waiting" – Bob Marley *(da pré-história...)*

"Soul Rebel" – Bunny Wailer

"Kozmic Blues" – Janis Joplin

"Hymne à L´Amour" – Edith Piaf

"Noche de Ronda" – Eydie Gorme & Trio Los Panchos

"Bridge Over Trouble Water" – Simon and Garfunkel

"Traction In The Rain" – David Crosby

"What is Life" – George Harrison

"A Song for You" – Donny Hathway

"Undiú" – João Gilberto

"Expresso 2222" – Gilberto Gil

"So In Love" – Curtis Mayfield

"Da Maior Importância" – Caetano Veloso

"Mother" – John Lennon

"I'm Happier Than the Morning Sun" – Stevie Wonder

"Don't Let They Bring You Down" – Neil Young

"Just In Time" – Nina Simone

"Is That Enough" – Marvin Gaye

Jair Oliveira
(cantor e compositor)

"Aquarela" – Toquinho
"História de uma Gata (Os Saltimbancos)" – versão do Chico Buarque
"A Casa" – Vinicius de Moraes
"O Ar (O Vento)" – Toquinho & Vinicius de Moraes
"O Pato" – Toquinho
"Mahna Mahna" – The Muppets
"Superfantástico" – A Turma do Balão Mágico
"Tem Gato na Tuba" – A Turma do Balão Mágico
"Carimbador Maluco" – Raul Seixas
"Xótis do Tintureiro" – Dupla Ouro e Prata
"Tema do Clube do Mickey" – Turma do Clube do Mickey
Tema de abertura do programa do Bozo
"Sopa" – Palavra Cantada
"Passeando com o Papai (Grandes Pequeninos)" – Jair Oliveira
"É de Chocolate" – Trem da Alegria
"Meu Querido Paiol" – Cocoricó
"Tico-Tico no Fubá" – qualquer versão
"What a Wonderful World" – Louis Armstrong
"País Tropical" – Jorge Ben
"Um Gago Apaixonado" – Noel Rosa

Edgard Scandurra
(Ira!)

Escolhi músicas importantes, de tempos antigos, que acho fundamentais para as crianças de hoje e de sempre, para não perderem a noção atemporal que música e arte têm na vida das pessoas.

"Love Me Tender" – Elvis Presley
"A Hard Day's Night" – The Beatles
"Eu Sou Terrível" – Roberto Carlos
"Dona Baratinha" – João de Barro (Braguinha)
"A Rosa" – Moacyr Franco
"Os Saltimbancos" – Chico Buarque *(o disco inteiro)*
"Trem das Onze" – Adoniram Barbosa
"Satisfaction" – The Rolling Stones
"Banho De Lua" – Celly Campelo
"I Gotta Feeling" – Black Eyed Peas
"Do You Wanna Dance?" – Johnny Rivers
"Rock And Roll" – Led Zeppelin
"One More Time" – Daft Punk
"Fell Love" – Donna Summer
"Ternura" – Wanderléa
"Upa Neguinho" – Elis Regina
"Pelados em Santos" – Mamonas Assassinas
"Roda Mundo, Roda Gigante" – Chico Buarque
"Moonlight Serenade" – Glenn Miller
"Let Me Try Again" – Frank Sinatra

Max Kolesne
(Krisiun)

"Crossroads" – Robert Johnson
"Symptom of the Universe" – Black Sabbath
"Burn" – Deep Purple
"Hells Bells" – AC/DC
"The Last in Line" – Dio
"Ace of Spades" – Motörhead
"Old School" – Anvil
"YYZ" – Rush
"The Sentinel" – Judas Priest
"Where Eagles Dare" – Iron Maiden
"Black Wind Fire and Steel" – Manowar
"For Whom the Bells Toll" – Metallica
"Angel of Death" – Slayer
"Beneath the Remains" – Sepultura
"Painkiller" – Judas Priest
"Rapture" – Morbid Angel
"Once Upon the Cross" – Deicide
"Dead Shall Rise" – Terrorizer
"Hammer Smashed Face" – Cannibal Corpse
"Ravager" – Krisiun

Dinho Ouro Preto
(Capital Inicial)

Lista dividida por décadas:

Anos 60
"Satisfaction" – The Rolling Stones
"Come Together" – The Beatles
"All Along the Watchtower" – Bob Dylan
"My Generation" – The Who
"Little Wing" – Jimi Hendrix

Anos 70
"Kashmir" – Led Zeppelin
"God Save the Queen" – Sex Pistols
"I Wanna be Sedated" – Ramones
"Sweet Emotion" – Aerosmith
"Whole Lotta Rosie" – AC/DC

Anos 80
"Pictures of You" – The Cure
"Faroeste Caboclo" – Legião Urbana
"Ghetto Defendant" – The Clash
"Swimming Horses" – Siouxsie and the Banshees
"Bizarre Love Triangle" – New Order

Anos 90
"Supersonic" – Oasis
"Superunknown" – Soundgarden
"Wherever I May Roam" – Metallica
"Lithium" – Nirvana
"Suck my Kiss" – Red Hot Chili Peppers

Cacá
(Copacabana Club)

"Gymnopédie Nº 1" – Erik Satie

"La Vie en Rose" – Edith Piaf

"Can't Take my Eyes off of You" – Frankie Valli

"Two of Us" – The Beatles

"Wheel of Fortune" – Kay Starr

"It Don't Mean a Thing" – Duke Ellington e Louis Armstrong

"The Message" – Grand Master Flash

"Spooky" – Dusty Springfield

"Waiting in Vain" – Bob Marley

"Close to Me" – The Cure

"Ego Tripping at the Gates of Hell" – Flaming Lips

"Ela Partiu" – Tim Maia

"Onda" – Cassiano

"Mas que Nada" – Jorge Ben

"Cocaine Blues" – Escort

"Cellphone's Dead" – Beck

"Never Never" – Little Dragon

"Crave You!" – Flight Facilities

"To Binge" – Gorillaz (com Little Dragon)

"Stand in a Line" – Rubies

Daniel Weksler
(NX Zero)

"Hallelujah" – Leonard Cohen (versão do Jeff Buckley)
"Tiny Dancer" – Elton John
"Across The Universe" – The Beatles
"Georgia on My Mind" – Ray Charles
"Waiting in Vain" – Bob Marley
"London Calling" – The Clash
"Against All Odds" – Phil Collins
"Come Alive" ou "Everlong" ou "Walking After You" ou "February Stars" – Foo Fighters *(não consigo escolher!)*
"Space Oddity" – David Bowie
"Bold as Love" – The Jimi Hendrix Experience
"Can't Take My Eyes Off Of You" – Lauryn Hill
"Love of My Life" – Queen
"Going to California" – Led Zeppelin
"Just Breathe" – Pearl Jam
"Rock With You" – Michael Jackson
"Father and Son" – Cat Stevens
"Long as I Can See The Light" – Creedence Clearwater Revival
"Notion" – Kings of Leon
"Every Breath You Take" – The Police
"Us and Them" – Pink Floyd

Stacey Kent
(cantora)

"Never Will I Marry" – Nancy Wilson & Cannonball Adderley

"Pra Machucar meu Coração" – João Gilberto & Stan Getz

"Canção do Sal" – Elis Regina

"I'll See You in my Dreams" – Django Rheinhardt

"Don't Rain on my Parade" – Barbra Streisand

"Kathy's Song" – Paul Simon

"All I Want" – Joni Mitchell

"Dream a Little Dream of Me" – Ella Fitzgerald & Louis Armstrong

"Casta Diva" – Maria Callas

"Here Comes the Sun" – George Harrison

"Desde que Samba é Samba" – Caetano Veloso

"You Are the Sunshine of my Life" – Stevie Wonder

"Love For Sale" – Miles Davis

"What the World Needs Now is Love" – Burt Bacharach

"Struttin' with Some Barbecue" – Paul Desmond

"Le Tourbillon de la Vie" – Jeanne Moreau (tema do filme *Jules et Jim*)

"Dimuendo & Crescendo in Blue" – Duke Ellington

"Maybe I'm Amazed" – Paul McCartney

"Haunted Heart" – Bill Evans

"My Heart Belongs to Daddy" – Dizzy Gillespie

César Menotti
(César Menotti e Fabiano)

"Aos Olhos do Pai" – Ana Paula Valadão
"Lindo Balão Azul" – Guilherme Arantes
"Superfantástico" – A Turma do Balão Magico
"Ursinho Pimpão" – Simony
"Amazing Grace" – Elvis Presley
"Pinguim Apaixonado" – Strombólica
"Sonhos de uma Flauta" – Teatro Mágico
"Late Morning Lulaby" – Brandi Carlile
"Feliz Navidad" – José Feliciano
"Conquistando o Impossível" – Jamily
"Somewhere Over the Rainbow / What a Wonderful Word" – Israel IZ
"Sambado" – Vander Lee
"Caboclo na Cidade" – Dino Franco e Mourai
"Amigos do Peito" – Os Trapalhões
"Tocando em Frente" – Almir Sater
"ABC do Amor" – Rubinho do Vale
"Aquarela" – Toquinho
"É preciso Saber Viver" – Roberto Carlos
"Trenzinho Caipira" – Villa-Lobos
"Sopa" – Palavra Cantada

Léo Jaime
(cantor e compositor)

"As Sete Vampiras" – Léo Jaime

"Você Não Soube Me Amar" – Blitz

"O Pato" – MPB 4

"Os Saltimbancos" – Chico Buarque (o disco inteiro)

"Gatinha Manhosa" – Erasmo Carlos

"Danúbio Azul" – Johann Strauss II

"Spider Man" – Paul Francis Webster

"You've Got a Friend in Me" – Randy Newman (do filme *Toy Story*)

"The Bare Necessities" – Louis Armstrong (canção do Balu do filme *Mogli*)

"When You Wish Upon a Star" – Cliff Edwards (tema do filme *Pinóquio*)

"Somewhere Over the Rainbow" – Harold Arlen

"Quem Tem Medo do Lobo Mau?" – do filme *Os Três Porquinhos*

"I Like to Move It (Move It)" – Erick Morillo (canção do filme *Madagascar*)

"Galinha Pintadinha" – (o disco inteiro)

"O Leão" – Arca De Noé

Flu
(ex-De Falla, músico, produtor)

"Beleza Pura" – Caetano Veloso

"Não Quero Dinheiro" – Tim Maia

"Acabou Chorare" – Novos Baianos

"Eu Quero é Botar Meu Bloco na Rua" – Sérgio Sampaio

"Taxman" – The Beatles

"Umbabarauma" – Jorge Ben

"Money" – Pink Floyd

"Surfin' Bird" – The Trashmen

"Tranquilo" – Kassin

"Aqui e Agora" – Gilberto Gil

"The Lovecats" – The Cure

"Once in a Lifetime" – Talking Heads

"Light my Fire" – The Doors

"Brasil Pandeiro" – Assis Valente (versão dos Novos Baianos)

"Índia" – Gal Costa

"(I Can't Get No) Satisfaction" – The Rolling Stones

"Good Golly Miss Molly" – Creedence Clearwater Revival

"Blitzkrieg Bop" – Ramones

"Whole Lotta Love" – Led Zepellin

"What a Wonderful World" – Louis Armstrong

Thedy Correa
(Nenhum de Nós)

Não fiz julgamento de valor, escolhi apenas músicas que, de alguma maneira, parecem contar a nossa história. Quando digo nossa, é da nossa civilização "moderna". Apenas meu gosto personalíssimo.

Nacionais
"Construção" – Chico Buarque
"Águas de Março" – Tom Jobim
"Panis et Circenses" – Os Mutantes
"Domingo no Parque" – Gilberto Gil
"Lanterna dos Afogados" – Paralamas do Sucesso
"Eduardo e Mônica" – Legião Urbana
"Nervos de aço" – Lupicínio Rodrigues
"Jardins da Babilônia" – Rita Lee
"Metamorfose Ambulante" – Raul Seixas
"Inútil" – Ultraje a Rigor

Internacionais
"A Day in the Life" – The Beatles
"Imagine" – John Lennon
"Stayin' Alive" – Bee Gees
"Light My Fire" – The Doors
"Pride (In the Name of Love)" – U2
"Rock and Roll All Nite" – Kiss
"Ashes to Ashes" – David Bowie
"Thriller" – Michael Jackson
"Ray of Light" – Madonna
"Wonderwall" – Oasis

Andreas Kisser
(Sepultura)

Estas são músicas que escutei desde a minha infância, canções que aprendi a tocar no violão e na guitarra e outras que acho fundamentais, independentemente da idade. São músicas que têm uma energia eterna, vão ficar para sempre. Incluí uma faixa de minha autoria, bem suave e tranquila, inspirada na chegada do meu terceiro filho e no período de amamentação. São três violões e percussão.

"Eine Kleine Nachtmusik" – W. A. Mozart
"Aquarela" – Toquinho
"Ob-La-Di, Ob-La-Da" – The Beatles
"Moonlight Sonata" – Beethoven
"Choro Nº 1" – Villa-Lobos
"Little Wing" – Jimi Hendrix
"For the Love of God" – Steve Vai
"Bolero" – Maurice Ravel
"Planeta Água" – Guilherme Arantes
"Menino da Porteira" – Sérgio Reis
"Paranoid" – Black Sabbath
"Ovelha Negra" – Rita Lee
"Rock and Roll All Nite" – Kiss
"Bohemian Rhapsody" – Queen
"Gracias a la Vida" – Mercedez Sosa
"6 Suítes para Violoncelo Solo" – Johann S. Bach
"What a Wonderful World" – Louis Armstrong
"I've Got You Under My Skin" – Frank Sinatra
"Nothing Else Matters" – Metallica
"Breast Feeding" – Andreas Kisser

Simoninha
(cantor e compositor e pai do Tom e Gabriel)

Essa lista é de canções afetivas na minha vida. A fiz para tocar para a barriga da minha mulher no último mês de gravidez e depois levei para a sala de parto. Tom e Gabriel nasceram ao som de "Foram me chamar. Eu estou aqui, o que é que há?" (Alguém Me Avisou). Foi emocionante.

"Sá Marina" – Wilson Simonal

"Carnaval e Réveillon (Viagens)" – Wilson Simoninha

"Alguém Me Avisou" – Dona Ivone Lara & Caetano Veloso

"'S Wonderful" – João Gilberto

"Navio" – Djavan

"A Sorrir" – Cartola

"Sorriso Pra Te Dar" – Jair Oliveira

"'Round Midnight" – Herbie Hancock

"Fly Me To The Moon" – Frank Sinatra com Count Basie & Orchestra

"Happy Hour à Beira-Mar" – Wilson Simoninha

"Correnteza" – Antônio Carlos Jobim

"Fotografia" – Cesar Camargo Mariano & Romero Lubambo

"Tributo a Martin Luther King" – Wilson Simonal

"What's Going On" – Marvin Gaye

"For Once in my Life" – Stevie Wonder

"Rock With You" – Michael Jackson

"Drive my Car" – The Beatles

"Lamento Sertanejo" – Dominguinhos

"Disparada" – Milton Nascimento

"Vinte e Seis de Dezembro" – Wilson Simoninha *(compus para o nascimento dos meus filhos)*

Helio Flanders
(Vanguart)

"Surf's Up" – Brian Wilson

"Take it With Me" – Tom Waits

"Feriado na Roça" – Cartola

"I Know it's Over" – The Smiths

"Los Libros de la Buena Memoria" – Invisible

"Movimento dos Barcos" – Maria Bethânia

"Matita Perê" – Antonio Carlos Jobim

"Conselheiro Batatinha" – Youkali

"Tango" – Teresa Stratas

"Junk" – Paul McCartney

"Kozmic Blues" – Cida Moreira

"Murguita del Sur Bersuit" – Vergarabat

"Blue" – Joni Mitchell

"Trovoa" – Maurício Pereira

"A Vida é Doce" – Lobão

"Ambulance Blues" – Neil Young

"Birdland" – Patti Smith

"Dora das Sete Portas" – João Nogueira

"Eu e Minha Ex" – Jupiter Maçã

"É Proibido Pisar na Grama" – Jorge Ben

Juliana R.
(cantora)

"Something" – The Beatles

"Vou-me Embora" – Paulo Diniz

"Sunday Morning" – The Velvet Underground

"Everybody's Talkin'" – Harry Nilsson

"Por Quê, Pra Quê?" – Raul Seixas

"Mal Secreto" – Jards Macalé

"Ma Jeunesse Fout Le Camp" – Françoise Hardy

"Close to You" – Carpenters

"Calma" – Rita Lee

"Grilos" – Erasmo Carlos

"My Funny Valentine" – Chet Baker

"O Tempo" – Cidadão Instigado

"Inútil Paisagem" – Tom Jobim

"Too Much Too Young" – The Specials

"Sunny Afternoon" – The Kinks

"Everybody Knows This is Nowhere" – Neil Young

"Lost in The Paradise" – Gal Costa (música de Caetano Veloso)

"Here Comes Your Man" – Pixies

"Pais e Filhos" – Legião Urbana

"Biological" – Air

Péres
(Gloria)

"Iron Man" – Black Sabbath
"Another Brick in The Wall" – Pink Floyd
"Bohemian Rhapsody" – Queen
"Cocaine" – Eric Clapton
"Smoke on the Water" – Deep Purple
"Roots Bloody Roots" – Sepultura
"Dream On" – Aerosmith
"Run to the Hills" – Iron Maiden
"Enter Sandman" – Metallica
"Killing in The Name of" – Rage Against The Machine
"Get up Stand up" – Bob Marley
"Diário de um Detento" – Racionais MC's
"Mantenha o Respeito" – Planet Hemp
"Under the Bridge" – Red Hot Chilli Peppers
"Walk" – Pantera
"Back in Black" – AC/DC
"Black Dog" – Led Zeppelin
"New Noise" – Refused
"Folsom Prison Blues" – Johnny Cash
"Smells Like Teen Spirit" – Nirvana
"Born to be Wild" – Stephenwolf
"Free Bird" – Lynyrd Skynyrd
"Raining Blood" – Slayer
"Hotel California" – Eagles
"Welcome to the Jungle" – Guns N' Roses
"Purple Haze"- Jimi Hendrix

Bruno Morais
(cantor, compositor e produtor)

"Minha Canção" – Saltimbancos (1977 – Álbum: *Saltimbancos* – Polygram)

"Supersonic" – J.J. Fad (1988 – Álbum: *Supersonic* – Ruthless)

"Rapper's Delight" – The Sugarhill Gang (1979 – Álbum: *Sugarhill Gang* – Sugarhill Records)

"It's Oh So Quiet" – Björk (1995 – Álbum: *Post* – One Little Indian)

"Ready or Not Here I Come (Can't Hide From Love)" – Jackson 5 (1970 – Álbum: *Third Album* – Motown)

"Agora Só Falta Você" – Rita Lee (1975 – Álbum: *Fruto Proibido* – Som Livre)

"Galope Rasante" – Amelinha (1978 – Álbum: *Frevo Mulher* – CBS)

"Estou Feliz" (versão nacional de "Puppet on a String") – Ed Carlos (1977 – Álbum: *Ed Carlos* – CBS)

"Juízo Final" – Nelson Cavaquinho (1973 – Álbum: *Nelson Cavaquinho* – Odeon)

"Heard Somebody Say" – Devendra Banhart (2005 – Álbum: *Cripple Crow* – XL Recordings)

"Moon River" – Evinha (1974 – Álbum: *Eva* – Odeon)

"O Homem da Gravata Florida" – Jorge Ben (1974 – Álbum: *A Tábua de Esmeraldas* – Phonogram)

"Tranquilo" – Kassin (2006 – Álbum: *Futurismo* – Luaka Bop)

"Isaura" – João Gilberto (1973 – Álbum: *João Gilberto* – Polydor)

"Tonight you Belong to me" – Patience and Prudence (1956 – Liberty Records)

"Les Fleurs" – Minnie Riperton (1970 – Álbum: *Come to my Garden* – GRT)

"I Can be a Frog" – The Flaming Lips (2009 – Álbum: *Embrionic* – Warner Bros)

"Water no Get Enemy" – Fela Kuti (1975 – Álbum: *Expensive Shit* – Soundwork Shops)

"Chamaleon" – Herbie Hancock (1974 – Álbum: *Head Hunters* – Columbia Records)

"Getting Better" – The Beatles (1967 – Álbum: *Sgt. Pepper's Lonely Hearts Club Band* – Parlophone)

Ana Cañas
(cantora)

"Lover Man" – Billie Holiday
"A Day in the Life" – The Beatles
"I Put a Spell on You" – Nina Simone
"Blue Valentines" – Tom Waits
"Atrás da Porta" – Elis Regina
"Balad of a Thin Man" – Bob Dylan
"Three Little Birds" – Bob Marley
"Tigresa" – Caetano Veloso
"Todo Amor que Houver nessa Vida" – Cazuza
"Gloria" – Patti Smith
"Mal Secreto" – Gal Costa
"Se eu Quiser Falar com Deus" – Gilberto Gil
"Say It (Over and Over Again)" – John Coltrane
"Wild Horses" – The Rolling Stones
"When the Leeve Breaks" – Led Zeppelin
"Walk on the Wild Side" – Lou Reed
"Summertime" – Miles Davis
"Autumn in New York" – Ella Fitzgerald
"Baby" – Os Mutantes
"Teresinha" – Maria Bethânia
"Adios no Niño" – Astor Piazzolla
"Retrato em Branco e Preto" – João Gilberto
"Je T'aime Moi Non Plus" – Serge Gainsbourg

Martin
(Pitty e pai do Tomaz)

"Woman" – John Lennon

"You're My Best Friend" – Queen

"That's How People Grow Up" – Morrisey

"Isn't She Lovely" – Stevie Wonder

"Such Great Highs" – Iron & Wine

"Alone" – Ben Harper

"Mesmo Sem Merecer" – Cascadura

"Dead Meat" – Sean Lennon

"Tangerine" – Led Zeppelin

"She Talks to Angels" – The Black Crowes

"Can't Help But Smiling" – Devendra Banhart

"She's Leaving Home" – The Beatles

"Happy" – The Rolling Stones

"Dia de Amanhã" – Cachorro Grande

"Here Comes the Sun" – Nina Simone

"Just Breath" – Pearl Jam

"All Is Love" – Karen O and the Kids

"Grace" – Jeff Buckley

"Things Behind the Sun" – Nick Drake

"Lullaby" – The Cure

Lucas Santtana
(cantor)

"We Are the Robots" – Kraftwerk

"Cosme e Damião" – Novos Baianos

"Jigsaw Falling Into Place" – Radiohead

"A.P. Special" – Augustus Pablo

"Metamorfosis" – Café Tacuba

"My One and Only Love" – Chet Baker

"O Mar" – Dorival Caymmi

"O Samba Está com Tudo" – Elza Soares

"Eko Ile" – Fela Kuti

"Cérebro Eletrônico" – Gilberto Gil

"Computadores Fazem Arte, Artistas Fazem Dinheiro!" – Chico Science & Nação Zumbi

"War" – Hypnotic Brass Ensemble

"A Floresta Azul" – Letieres Leite & Orkestra Rumpilezz

"Vai (Menina Amanhã de Manhã)" – Tom Zé

"Wanna Be Startin' Something" – Michael Jackson

"Nuvem Cigana" – Clube Da Esquina

"A Love Supreme" – John Coltrane

"Tribunal de Rua" – O Rappa

"Eleanor Rigby" – The Beatles

"Punky Reggae Party" – Bob Marley

Bluebell
(cantora e compositora)

"Emília, a Boneca Gente" – Baby Consuelo (*Pirlimpimpim*)

"Flagra" – Rita Lee

"Give Peace a Chance" – John Lennon

"Barrados na Disneylândia" – Baby Consuelo

"Saiba" – versão da Adriana Partimpim

"A História de Lily Brown" – Gal Costa (*O Grande Circo Místico*)

"História de uma Gata" – Lucinha Lins (*Os Saltimbancos Trapalhões*)

"João e Maria" – Chico Buarque

"A Pulga" – Bebel Gilberto (*A Arca de Noé*)

"O Pato" – MPB4

"Piruetas" – Chico Buarque (*Os Saltimbancos Trapalhões*)

"Lollipop" – The Chordettes

"Mahna Mahna" – The Muppets

"Cats and Dogs" – Camille

"Pata Pata" – Miriam Makeba

"Boas Festas" – Novos Baianos

"Be my Baby" – The Ronettes

"Charleston" – A Turma do Balão Mágico

"Buffalo Soldier" – Bob Marley

"Ob-La-Di, Ob-La-Da" – The Beatles

Natalia Mallo
(Trash Pour 4, Música de Bolso)

"When I'm 64" – The Beatles

"Cry Baby" – Janis Joplin

"Only You" – The Platters

"Mel" – Maria Bethânia

"Mambo" – Pérez Prado

"El Show del Perro Salchicha" – Maria Elena Walsh

"Money" – Pink Floyd

"O Pato" – João Gilberto

"Samba de Maria Luiza" – Tom Jobim

"Fool to Cry" – The Rolling Stones

"Vamos de Paseo" – Pipo Pescador

"The Power of Love" – Peter Cetera

"Time After Time" – Cassandra Wilson

"Dreadlocks" – Meshell Ndegeocello

"Stronger Than Me" – Amy Winehouse

"Balangandãs" – Mauricio Pereira

"Realejo" – Suely Mesquita

"Mary Shelley" – Mathilda Kovak

"Louco Por Você" – Caetano Veloso

"Piel Canela" – Bobby Capó

Che
(músico, DJ e produtor)

"Aleluia" – Lincoln Olivetti & Robson Jorge

"Take Five" – Dave Brubeck

"Feels so Good" – Chuck Mangione

"Venha Dormir em Casa" – Tim Maia

"I Love You" – Paul McCartney

"Rock with You" – Michael Jackson

"Só Love" – Claudinho e Buchecha

"O Melhor Vai Começar" – Guilherme Arantes

"Até Quem Sabe" – João Donato

"Samba de Maria Luiza" – Tom Jobim

"I Can't Go For That" – Daryl Hall & John Oates

"O Mundo é um Moinho" – Cartola

"Espelho" – João Nogueira

"A Lovely Day" – Gil Scott-Heron

"Cadê Jodel?" – João Donato

"Um Certo Alguém" – Lulu Santos

"Devotion" – Earth, Wind & Fire

"Sol de Primavera" – Beto Guedes

"Every Little Thing She Does is Magic" – The Police

"Rock the Casbah" – The Clash

Tulipa Ruiz
(cantora)

"Bolacha de Água e Sal" – Palavra Cantada

"Ring My Bell" – versão do Pato Fu

"A Bruxa de Mentira" – João Donato

"Belleville Rendez-Vous" – Benoît Charest

"Mané fala Ó" – Grupo Rumo

"Língua do P" – Gal Costa

"O Leãozinho" – Caetano Veloso

"Os Astronautas" – Cérebro Eletrônico

"Charles in the Park" – Josephine Foster

"João e Maria" – Nara Leão

"Acabou Chorare" – Novos Baianos

"Na Varanda da Liz" – Tiê

"Brasileirinha" – Baby Consuelo

"Mellow Yellow" – Donovan

"Repente" – Edu Lobo

"Too Darn Hot" – Ella Fitzgerald

"Apple Scruffs – George Harrison

"Hold On" – John Lennon

"Plástico Bolha" – Karina Buhr

"Clareana" – Joyce

Melvin Ribeiro
(Lafayette e os Tremendões, Carbona)

"This is the Day" – The The

"A Message to You, Rudy" – The Specials

"Wouldn't It Be Nice" – The Beach Boys

"Buddy Holly" – Weezer

"Hyper Enough" – Superchunk

"Disco 2000" – Pulp

"You Can't Hurry Love" – Stray Cats

"Ziggy Stardust" – David Bowie

"Aneurysm" – Nirvana

"Gratitude" – Beastie Boys

"Ever Fallen in Love?" – Buzzcocks

"Ether" – Gang of Four

"Bring on the Night" – The Police

"Love Vigilantes" – New Order

"If I Can't Change Your Mind" – Sugar

"Strenght to Endure" – Ramones

"Tempo Perdido" – Legião Urbana

"Jesus, Etc." – Wilco

"Like a Rolling Stone" – Jimi Hendrix (Monterey, 1967)

"You Can't Always Get What You Want" – The Rolling Stones

Tatá Aeroplano
(Cérebro Eletrônico e Jumbo Elektro)

"Ah!" – Grupo Rumo

"Lição de Baião" – Adriana Partimpim

"Você não Soube me Amar" – Blitz

"A Ordem das Árvores" – Tulipa Ruiz

"O Dia em que a Terra Parou" – Raul Seixas

"Preta Pretinha" – Novos Baianos

"Yellow Submarine" – The Beatles

"Sítio do Pica-Pau Amarelo" – Gilberto Gil

"Pega na Mentira" – Erasmo Carlos

"O Calhambeque" – Roberto Carlos

"Bolacha de Água e Sal" – Palavra Cantada

"Sutil" – Ná Ozzetti

"2001" – Os Mutantes

"Escolinha de Robô" – Tom Zé

"Sub" – Os Mulheres Negras

"Plástico Bolha" – Karina Buhr

"Tico-Tico no Fubá" – versão de João Erbetta

"Pretty Woman" – Roy Orbison

"Les Marionettes" – Christophe

"Universo Umbigo" – Karnak

Miss Alex White
(White Mystery)

Eu tinha oito anos quando "Baba O'Riley" explodiu nos falantes do aparelho de som dos meus pais, em Chicago. The Who foi o primeiro grupo a me preencher com a sensação dionisíaca que mais tarde identifiquei como rock'n'roll, e que sigo desde então. Minha saia rodou pela sala banhada em sol enquanto tentava acompanhar a canção. Hoje, meu irmão, Francis Scott Key White, e eu tocamos no White Mistery e buscamos o sentimento de ritmo e alma das 20 músicas a seguir:

"Baba O'Riley" – The Who
"Teenage Werewolf" – The Cramps
"Kool Thing" – Sonic Youth
"Shattered" – The Rolling Stones
"Scissors Chop" – Clone Defects
"Howl on the Haunted Beat you Ride" – The Go
"Smash it Up!" – International Noise Conspiracy
"I'm Waiting for the Man" – Velvet Underground
"Aces High" – Iron Maiden
"Sweet Leaf" – Black Sabbath
"Burning Down the House" – Talking Heads
"My Shadow" – Jay Reatard
"Time the Avenger" – The Pretenders
"Gloria" – Shadows of Knight
"Looking at You" – MC5
"Frantic Romantic" – The Scientists
"Electric Wizard" – Dunwich
"Bend Me, Shape Me" – The American Breed
"Katrina" – The Black Lips
"Block of Ice" – Thee Oh Sees

João Erbetta
(guitarrista)

Minhas escolhas não têm preocupação histórica e nem ordem de chegada. Não há melhores ou piores. Baseio-me na minha experiência e nas transformações estéticas e sociais que aconteceram na minha vida depois de escutá-las. Transformações que fazem da música algo muito poderoso. Um dia mostrarei esta lista para Martina, minha filha de 3 anos de idade. Provavelmente até lá já não concordarei com o conteúdo. Não faz mal. É transformando que se aprende.

"Perfidia" – Gonzalo Rubalcaba
Gonzalo é um gênio do piano. Nesta gravação, ao vivo num clube de jazz, ele eleva esta canção mexicana (escrita por Alberto Domínguez) à mais alta arte da música instrumental.

"I Believe in Little Things" – Tony Bennett & Elmo
Um dos melhores exemplos da magia do entretenimento norte-americano. De um lado Tony Bennett, a voz, o mito... De outro, Elmo, o monstrinho da Vila Sésamo, cantando esta linda canção de Joe Raposo.

"Feito pra Acabar" – Marcelo Jeneci
Marcelo Jeneci é vento novo na música brasileira e artista singular. Essa parceria dele com Zé Miguel Wisnik e Paulo Neves é encantadora e tenebrosa ao mesmo tempo. Sim, a gente é feito pra acabar.

"Coisa Nº 4" – Moacir Santos
Difícil escolher uma só música do Moacir Santos, maestro e arranjador brasileiro de tanto talento. Esta mistura afro com orquestra, de 1965, é um clássico.

"A Sagração da Primavera (Igor Stravinsky)" – Filarmônica de Nova York, regida por Pierre Boulez.
Tudo aqui é novo, moderno e transgressor: a composição de Stravinsky (com balé coreografado por Nijinsky!), a condução do maestro Boulez e a interpretação magnífica da Filarmônica de NY. Uma prova de que os humanos são capazes de lindas coisas quando não estão fazendo besteira.

"River Man" – Nick Drake
Linda melodia, arranjo melancólico e metáfora belíssima desse cantor/compositor de história triste e abreviada. O homem do rio tem a resposta.

"Chocolate Jesus" – Tom Waits
Tom Waits é um dos meus personagens prediletos. A mistura da religiosidade com a fissura pagã pelo chocolate em questão é impagável. Do disco Mule Variations. Clássico de cabeceira.

"Águas de Março" – Tom Jobim & Elis Regina
Esta gravação deveria ser o exemplo da mais alta classe que a bossa nova criou desde então. Ambos inspiradíssimos – talvez pela tensão durante as gravações do disco – Elis e Tom reinventam a música.

"Slow Like Honey" – Fiona Apple
Balada da menina sedutora e inteligente. Voz de sereia, que não sai mais do estômago. Fiona mostra tudo nesta canção.

"Dress" – PJ Harvey
Música da menina sedutora, inteligente e brava. PJ tem domínio artístico total e nessa música não é diferente. Mulheres geralmente são mais legais do que os homens e PJ Harvey prova isso.

"I'll Wait For You" – Louis Armstrong
Trilha sonora do filme Os Guarda-Chuvas do Amor (hein?), Louis Armstrong não deixa dúvidas do que faria para esperar a sua amada. Um coro maravilhosamente fantasmagórico o acompanha nessa missão.

"Carro de Boi" – Milton Nascimento
"Estrada de terra que só me leva, só me leva...". Road song caipira que Milton escancara, ajudando a gente a entender que é preciso ir conhecer o mundo. Bela canção de Maurício Tapajós e Cacaso.

"Hey Jude" – The Beatles
A mágica que Paul fez ao transformar uma música em hino de "sentir-se bem" não esquecendo da nossa responsabilidade diante das nossas ações. Tenho parte da letra tatuada no meu braço. Mais motivos para ouvi-la?

"Smells Like Teen Spirit" – Nirvana
O jejum quebrado, após anos sem haver a vontade legítima de se chutar a porta (ou o balde). Os jovens agradecem.

"Enchanting Ghost" – Sufjan Stevens
Separações nunca são fáceis, mas, invariavelmente, rendem ótimas canções. Esta é uma delas. O começo de uma separação, "adultamente" cantada por Sufjan.

"Holocene" – Bon Iver
Canção que cita ritos de passagem, tão importantes na vida: a transformação de garoto em homem, em ser humano. Difícil parar de ouvir e buscar conexões com coisas flutuando por aí.

"Dazed and Confused" – Led Zeppelin
A música que me fez ser músico. Uma confusão moderna e imprevisível. O caos dizendo a um garoto: "vai!".

"Harvest Moon" – Neil Young
O canadense mais americano do hemisfério norte cantando o amor numa noite de luar. O que mais é necessário?

"Triste Bahia" – Caetano Veloso
Só pela presença dos versos de Gregório Matos, poeta torto do século 17, esta música já valeria a pena. Caetano a espreme, condensa e traduz a ligação entre a velha e a nova Bahia, na visão de quem estava num exílio forçado.

"Only the Lonely" – Roy Orbison
Somente os solitários sabem o que eu sinto. Somente Roy Orbison (em parceria com Joe Melson) sabe expressar sentimentos tão banais e transformá-los em lindas canções.

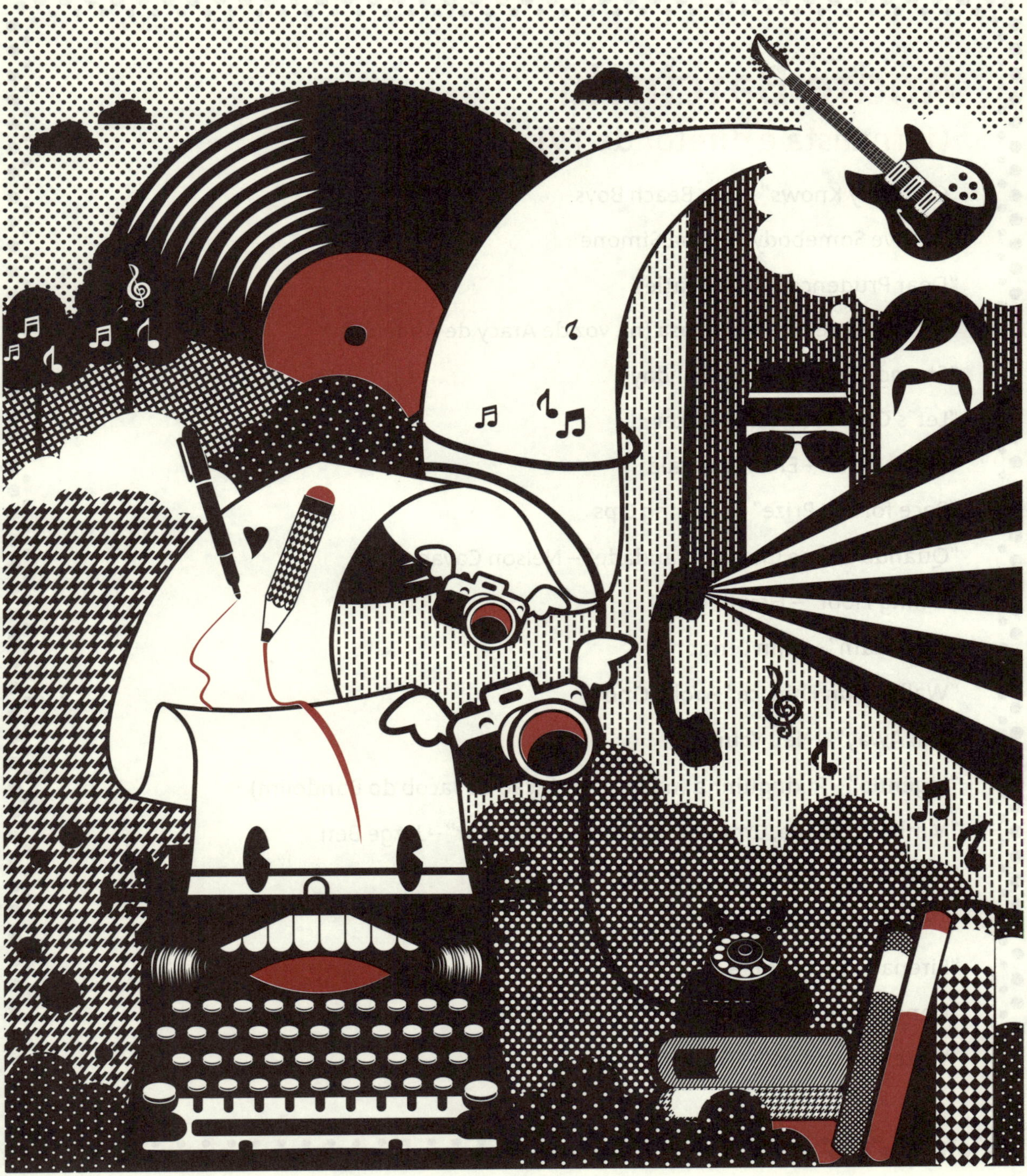

André Barcinski
(jornalista e diretor de TV)

"God Only Knows" – The Beach Boys

"To Love Somebody" – Nina Simone

"Dear Prudence" – The Beatles

"Último Desejo" – Noel Rosa (na voz de Aracy de Almeida)

"Strange Fruit" – Billie Holiday

"Let´s Get Lost" – Chet Baker

"I Love Paris" – Ella Fitzgerald

"Race for the Prize" – Flaming Lips

"Quando eu me Chamar Saudade" – Nelson Cavaquinho

"Killing Floor" – Howlin' Wolf

"#9 Dream" – John Lennon

"Walking on Thin Ice" – Yoko Ono

"Sail Away" – Neil Young

"Ingênuo" – Pixinguinha (na interpretação de Jacob do Bandolim)

"Minha Teimosia, uma Arma pra te Conquistar" – Jorge Ben

"Halloween" – Siouxsie and the Banshees

"Skit I Allt" – Dungen

"Sirena" – Dirty Three

"Dance Me to the End of Love" – Leonard Cohen

"Waterloo Sunset" – The Kinks

Bruno Torturra
(diretor de redação da revista Trip)

"Yellow Submarine" – The Beatles

"Pet Sounds" – The Beach Boys

"Cry to Me" – Solomon Burke

"Back in our Minds" – Funkadelic

"Slippin' and Slidin'" – Little Richard

"Eat that Chicken" – Charles Mingus

"Sunset and the Mockingbird" – Duke Ellington

"Ripple" – Grateful Dead

"No Surprises" – Radiohead

"Flying" – Rogério Duprat

"Mockingbird" – Aretha Franklin

"Do Re Mi" – Dusty Springfield

"Medo da Chuva" – Raul Seixas

"Força Estranha" – Roberto Carlos

"Time Warp" – Rocky Horror Picture Show

"Wade in the Water" – Staple Singers

"Pula Kgosi Seretse" – Miriam Makeba

"Linus and Lucy" – Vince Guaraldi

"Sunday Morning" – The Velvet Underground

"Quinteto de Cordas em Dó maior" (D956), Adagio – Franz Schubert

Pablo Miyazawa
(editor-chefe da Rolling Stone)

20 músicas indispensáveis, em qualquer ordem, para qualquer hora, qualquer dia, qualquer lugar (e seus bordões inevitáveis).

"Blitzkrieg Bop" – The Ramones *(mesmo durante a guerra, a vida pode ser boa)*

"She Loves You" – The Beatles *(porque ela te ama, com certeza)*

"Paranoid" – Black Sabbath *(um dia você vai sentir que não se encaixa em lugar nenhum)*

"(I Can't Get No) Satisfaction" – The Rolling Stones *(é bom sempre querer mais)*

"Lust for Life" – Iggy Pop *(porque curtir a vida deveria ser obrigatório)*

"Don't Stop Till You Get Enough" – Michael Jackson *(se não dançarem com essa, não dançarão com mais nenhuma)*

"Be My Baby" – The Ronettes *(um dia você vai sonhar com alguém)*

"God Only Knows" – The Beach Boys *(é bom ter certeza de que não se está sozinho)*

"Get Up, Stand Up" – Bob Marley and The Wailers *(ficar sentado dificilmente ajuda)*

"Rock & Roll" – Led Zeppelin *(a pedra não pode parar de rolar nunca)*

"Bohemian Rhapsody" – Queen *(não há nada como um pouco de exagero)*

"Stayin' Alive" – Bee Gees *(se você dançar essa, todo mundo irá dançar também)*

"Back in Black" – AC/DC *(fazer air guitar vale a pena)*

"Fight For Your Right (to Party)" – Beastie Boys *(a vida é uma festa)*

"Smells Like Teen Spirit" – Nirvana *(ser jovem é para sempre)*

"The Sound of Silence" – Simon & Garfunkel *(ficar quieto é uma arte)*

"River Deep, Mountain High" – Ike & Tina Turner *(a vida é feita de altos e baixos)*

"A Day in the Life" – The Beatles *(que seus dias sejam sempre interessantes)*

"Georgia On My Mind" – Ray Charles *(importante é lembrar e jamais esquecer)*

"Let's Stay Together" – Al Green *(para os tempos bons e ruins)*

Sérgio Martins
(jornalista e pai do Noel)

Uma pequena trajetória da música, do barroco aos dias de hoje.
"**Bach: Variações Goldberg**", com **Glenn Gould**.
"**Mozart: Concerto para Flauta e Harpa**" (se achar com o **Emmanuel Pahud**, melhor ainda).
"**Beethoven: Nona Sinfonia**" (em especial, o último movimento, Ode à Alegria).
O clássico encontra o jazz: "**Rhapsody in Blue**", de **George Gerswhin**.
Louis Armstrong e "**St. Louis Blues**", o nascimento do jazz.
Miles Davis em "**Blue in Green**", do sensacional *Kind of Blue*.
Ray Charles cria a soul music em "**What'd I Say**".
E **Sam Cooke** adocica o novo gênero com "**Wonderful World**".
A Motown chega e cria novas regras para a soul music com **Smokey Robinson** em "**The Tracks of My Tear**".
A Motown faria também a cabeça de uns meninos chamados **The Beatles** ("**A Day in the Life**").
Uns caras chamados **The Rolling Stones** também curtiam a Motown (e blues: "**Satisfaction**").
Tudo iria desembocar numa banda chamada **Led Zeppelin** ("**Kashmir**").
Mas deixemos os pesados de lado, vamos à maturação do pop por gente como **Paul McCartney** ("**Maybe I'm Amazed**").
E outro sujeito chamado **Stevie Wonder** ("**As**").
E hoje, clássico, jazz e pop se encontram na música de caras como **Brad Mehldau** (versão de "**Exit Music**", do Radiohead).
Esqueci do Brasil? Não, tem **Nelson Cavaquinho** com "**Juízo Final**".
Tem **Cartola** com "**O Sol Nascerá**".
Tem **Tom Jobim**, que é um escândalo, ainda mais com **Elis Regina** em "**Águas de Março**".
Clara Nunes, a grande cantora brasileira, com "**Alvorecer**".
E **Milton Nascimento**, com seu **Clube da Esquina**, em "**Tudo o que Você Podia Ser**".

André Forastieri
(jornalista)

Perguntei para o organizador deste livro se podia criar minhas regras: uma música só de cada artista, uma só de cada estilo etc. Ele disse: "As regras são punk, faça como quiser". Ah é? Mandei minhas regras para o lixo. Fiz minha escolha ontem sem pesquisar e sem pensar, tomando caipirinha no bar. Fosse hoje, a lista seria muito diferente, mas igualmente emocional, e fazendo força para escapar das escolhas que imagino mais comuns nas listas dos colegas. Mas também sem exagerar – vamos na contramão, e na boa.

"Balancê" – Carmem Miranda ou Gal Costa *(Braguinha é o maior compositor da história do Brasil)*

"Na Beira do Mangue" – Jair Rodrigues *("[Sittin' on] the Dock of the Bay" brasileira)*

"Quero que vá Tudo para o Inferno" – Roberto Carlos *(o rock do Brasil nasce aqui)*

"Torresmo à Milanesa" – Adoniran Barbosa, Clementina de Jesus e Carlinhos Vergueiro *(os corações de São Paulo e Rio batem juntos)*

"Puteiro em João Pessoa" – Raimundos *(adolescência brasileira em três acordes)*

"Crying" – Roy Orbison *(delicadeza é coisa de homem)*

"Pretty Vacant" – Sex Pistols *(uma cusparada na cara – com guitarras)*

"C'Era Una Volta il West" – Enio Morriccone *(ninguém toca um cuore como os italianos)*

"You're the Top" – Ella Fitzgerald *(ou qualquer outra do songbook do Cole Porter – a melhor cantora, o melhor compositor)*

"Let's Call the Whole Thing Off" – Fred Astaire *(para converter qualquer um ao amor por musicais)*

"Be My Baby" – The Ronettes *(quando se trata de pop, "black is the new black")*

"A Day in the Life" – The Beatles *(a melhor combinação de ambição e ternura dos Fab Four)*

"Do it again" – Steely Dan *(balancinho suave, milimetricamente planejado e doidão)*

"Radioactivity" – Kraftwerk *(marco inicial do pop eletrônico dançável, nunca superado)*

"Station to Station" – David Bowie *(glam rock, art rock, new wave: está tudo aqui)*

"Boogie Wonderland" – Earth, Wind & Fire *(opereta funk, suada e épica)*

"Done Got Old" – Buddy Guy *(não há blues mais doído do que envelhecer)*

"Fight the Power" – Public Enemy *(hino negro pra botar fogo no mundo)*

"Beautiful Day" – U2 *(quando o mundo parece feio, a música nos eleva)*

"Paper Planes" – M.I.A. *(The Clash melhorado, porque feminino)*

Terence Machado
(jornalista, trupe Alto-Falante e pai da Luna)

"Grace" – Jeff Buckley
"Something" – The Beatles
"Paranoid Android" – Radiohead
"Side With the Seeds" – Wilco
"Red Barchetta" – Rush
"Spread Your Wings" – Queen
"Flight of Icarus" – Iron Maiden
"Tumbling Dice" – The Rolling Stones
"Stay Tuned" – Ambulance LTD
"Time is Running Out" – Muse
"Roscoe" – Midlake
"What's Going On" – Marvin Gaye
"Ponto Fraco" – Barão Vermelho
"Só Se For a Dois" – Cazuza
"Acrilic On Canvas" – Legião Urbana
"Riviera Paradise" – Stevie Ray Vaughan
"Whipping Post" – The Allman Brothers
"Dream On" – Aerosmith
"Thank You" – Led Zeppelin
"Bohemian Rhapsody" – Queen

Tati Bernardi
(escritora)

"All of Me" – Billie Holiday
"For the Good Times" – Al Green
"God Only Knows" – The Beach Boys
"You're So Vain" – Carly Simon
"Exagerado" – Cazuza
"O Mundo é um Moinho" – Cartola
"Ask" – The Smiths
"O Homem da Gravata Florida" – Jorge Ben
"The Opposite of Hallelujah" – Jens Lekman
"Blue" – Joni Mitchell
"The Koln Concert" – Keith Jarrett
"Dance Yrself Clean" – LCD Soundsystem
"The Rain Song" – Led Zeppelin
"Famous Blue Raincoat" – Leonard Cohen
"O Vencedor" – Los Hermanos
"Loucura" – Lupicínio Rodrigues
"Just Ain't Gonna Work Out" – Mayer Hawthorne
"My Baby Just Cares for Me" – Nina Simone
"Dança da Solidão" – Paulinho Da Viola
"There There" – Radiohead

Claudia Assef
(jornalista, DJ e mãe da Luna)

"Catch" – The Cure
"Seven Seas" – Echo & The Bunnymen
"Boys Say Go!" – Depeche Mode
"Happy House" – Siouxsie & The Banshees
"Through Time" – Roisin Murphy
"Ballade de Melody Nelson" – Serge Gainsbourg
"Comment Te Dire Adieu" – Françoise Hardy
"Kelly Watch the Stars" – Air
"Music Sounds Better With You" – Stardust
"Inspiration" – Section 25
"Clear" – Cybotron
"Secret" – Ellen Allien
"Picture This" – Blondie
"Last Dance" – Donna Summer
"Love" – The Cult
"The Things That Dreams are Made Of" – Human League
"Ave Lúcifer" – Os Mutantes
"All My Friends" – LCD Soundsystem
"O Superman" – Laurie Anderson
"Digital Love" – Daft Punk
"From Here to Eternity" – Giorgio Moroder
"War Pigs" – Black Sabbath

Flávia Durante
(DJ e jornalista)

"Beautiful" – Carole King

"I Say a Little Prayer" – Aretha Franklin

"Pressure" – Quadron

"Real Tru Love" – The Pepper Pots

"Valentino" – Diane Birch

"Wishin' and Hopin'" – Dusty Springfield

"Helpless" – Kim Weston

"Love Loves to Love" – Lulu

"Datemi un Martello" – Rita Pavone

"The Clapping Song" – Shirley Ellis

Ricardo Batalha
(editor-chefe da Roadie Crew)

"The Hellion/Electric Eye" – Judas Priest
Um dos grandes hinos do heavy metal.

"Symptom Of The Universe" – Black Sabbath
Música para descobrir o que é um riff de guitarra heavy metal.

"The Last in Line" – Dio
Melodia, peso e a interpretação sempre emocional de Ronnie James Dio.

"Bark at the Moon" – Ozzy Osbourne
Um dos clássicos do Madman, que conta com memoráveis solos de guitarra.

"Ace of Spades" – Motörhead
Clássico de uma banda que consegue agradar fãs das mais variadas tendências do rock.

"Dirty Deeds Done Dirt Cheap" – AC/DC
Música não óbvia de outra banda que agrada fãs das mais variadas tendências do rock.

"Blackout" – Scorpions
Um dos clássicos da banda que colocou o metal/hard rock da Alemanha no topo.

"Angel Witch" – Angel Witch
Para descobrir o que é a New Wave of British Heavy Metal.

"Fast as a Shark" – Accept
Uma das músicas que elevou os padrões de velocidade no heavy metal.

"Angel Of Death" – Slayer
Ame ou odeie, é um grupo que virou sinônimo de som agressivo.

"Hide Your Heart" – Kiss
Música não óbvia da maior banda de hard rock dos EUA.

"Round and Round" – Ratt
Para se conhecer o poder de fogo do chamado "hair metal" dos anos 1980.

"Standing In the Shadow" – Whitesnake
Música não óbvia de uma banda que também agrada fãs de diversas tendências do rock.

"Photograph" – Def Leppard
Clássico de uma banda que moldou seu hard rock e se tornou referência.

"Purple Haze" – Jimi Hendrix
Para conhecer o primeiro virtuoso da guitarra no rock.

"Unchained – Van Halen
Banda que mudou os padrões da guitarra no rock.

"Far Beyond the Sun" – Yngwie Malmsteen
Como uma guitarra solando pode se tornar uma peça clássica.

"Crazy Nights" – Loudness
Para sentir o tempero do metal japonês.

"Salém (A Cidade das Bruxas)" – Harppia
Um hino do heavy metal feito no Brasil e cantado em português.

"Inner Self" – Sepultura
Para conhecer o "Pelé do metal brasileiro".

Augusto Olivani
(jornalista)

"Love Song" – Olivia Newton John
"Contact" – Brigitte Bardot
"7 Heures du Matin" – Jacqueline Taieb
"Ces Bottes Sont Faites Pour Marcher" – Eileen
"Some Velvet Morning" – Lee Hazlewood & Nancy Sinatra
"Is That All There Is?" – Cristina
"Fever" – Peggy Lee
"My Baby Just Cares for Me" – Nina Simone
"Tainted Love" – Gloria Jones
"The Clapping Song" – Shirley Ellis
"Young Americans" – David Bowie
"Maria Mole" – Rita Lee
"Hey Boy" – Mutantes
"Because" – The Beatles
"Crying in the Chapel" – Elvis Presley
"Sunny" – Marvin Gaye
"Sisters of Mercy" – Leonard Cohen
"The Visit (She Was Here)" – The Cyrkle
"En Melody" – Serge Gainsbourg
"Laisse Tomber Les Filles" – France Gall
"Polly" – Dillard & Clark
"Number One Song in Heaven" – Sparks
"Feel the Spirit" – Heaven & Earth
"Parallelograms" – Linda Perhacs
"Heaven" – The Rolling Stones

Clara Averbuck
(escritora e mãe da Catarina)

"Poison Ivy" – Coasters

"Blackbird" – The Beatles

"Let It Bleed" – The Rolling Stones

"Ram On" – Paul McCartney

"I Can't Believe What You Say" – Ike & Tina Turner

"Be My Baby" – The Ronettes

"Never Loved a Man (The Way I Do)" – Aretha Franklin

"(Mama) He Treats Your Daughter Mean" – Ruth Brown

"You Can't Judge a Book by its Cover" – Bo Diddley

"Hallelujah, I Love Her So" – Ray Charles

"Rumble" – Link Wray

"Saved" – Lavern Baker

"Fever" – Peggy Lee

"Stronger Than Me" – Amy Winehouse

"Stand by Me" – Ben E. King

"Pain in my Heart" – Otis Redding

"I Want a Little Sugar in my Bowl" – Nina Simone

"Tav Falco" – Lonely Avenue

"Someone to Watch Over Me" – Ella Fitzgerald cantando Gershwin

"I Get a Kick Out of You" – Ella cantando Cole Porter

Lelê Siedschlag
(escritora, jornalista e mãe da Chiara)

"Albachiara" – Vasco Rossi *(ao vivo, no álbum Fronte del Palco)*
"Vattene Amore" – Mietta e Amedeo Minghi
"Almeno Tu Nell'universo" – Mia Martini
"Vita Spericolata" – Vasco Rossi
"E Tu" – Claudio Baglioni
"Mentre Tutto Scorre" – Negramaro
"Un Colpo All´Anima" – Ligabue
"Oggi Sono Io" – Mina Mazzini
"Gli Ostacoli del Cuore" – Elisa Toffoli
"Nei Giardini Che Nessuno Sa" – Renato Zero & Laura Pausini *(ao vivo em Milão)*
"Non C´È" – Laura Pausini
"Ti Lascerò" – Anna Oxa e Fausto Leali
"Bella Senz´Anima" – Riccardo Cocciante
"Margherita" – Riccardo Cocciante
"Deep Deep Down" – Mondo Cane com Mike Patton
"Yeeeah" – Mal dei Primitives
"Il Cielo in una Stanza" – Gino Paoli & Malika Ayane *(encontro histórico em 2009, esta música é SUPER velha – e Paoli também...)*
"Come Foglie" – Malika Ayane
"Bella Più Che Mai" – Stadio
"Non Me Lo So Spiegare" – Tiziano Ferro
"Pensiero Stupendo" – Patty Pravo

Jardel Sebba
(jornalista)

Nina e Lola, imaginei que, por serem duas meninas, uma das maneiras de dar coesão à minha lista era selecionar não só vozes femininas, mas canções que, de alguma forma, ou de formas bem diferentes, falassem sobre a condição feminina, até para que possam entender o que era ser mulher em diferentes épocas antes de nascerem e sob diferentes pontos de vista.

"(There's) Always Something There to Remind Me" – Sandie Shaw
"The Moldy Peaches" – Lucky Number 99
"Black Box Recorder" – Girls Guide for a Modern Diva
"Portishead" – Glory Box
"Diving for Pearls" – Corinne Bailey Rae
"Violet" – Hole
"The Childcatcher" – Lush
"Otherwise" – Morcheeba
"Not About Love" – Fiona Apple
"The Fear" – Lily Allen
"Free Money" – Patti Smith
"From This Moment On" – Carpenters
"Maybe I'm a Fool" – Aretha Franklin
"In The Flesh" – Blondie
"Scooter Boys" – Indigo Girls
"Let Me Kiss You" – Nancy Sinatra
"One More Thing" – L7
"Send me a Postcard" – Shocking Blue
"The Way That I Found You" – Ladytron
"Queer" – Garbage

Felipe Machado
(Viper, jornalista e pai da Bebel)

"Be Yourself" – Audioslave

"Silent Sigh" – Badly Drawn Boy

"I Gotta Feeling" – Black Eyed Peas

"Crazy" – Gnarls Barkley

"Empire State of Mind" – Jay-Z & Alicia Keys

"Black Burning Heart" – Keane

"When We Were Young" – The Killers

"Speechless" – Lady Gaga

"Ain´t Nothing Like the Real Thing" – Marvin Gaye

"Bring it Back" – McAlmont & Butler

"Lift me Up" – Moby

"Irish Blood, English Heart" – Morrissey

"Nude" – Radiohead

"Gimme Shelter" – The Rolling Stones

"Waka Waka" – Shakira

"The Beautiful Ones" – Suede

"A Man and a Woman" – U2

Marco Bezzi
(jornalista e pai do Théo)

Lado A

"Born to Be my Baby" – Bon Jovi

"You Are the One" – A-Ha

"I Believe in a Thing Called Love" – Darkness

"Unskinny Bop" – Poison

"Ob-La-Di, Ob-La-Da" – The Beatles

"Dancin' in the Dark" – Bruce Springsteen

"Dancin' on the Ceiling" – Lionel Richie

"Billie Brown" – Mika

"Ain't No Mountain High Enough" – Aretha Franklin

"Be My Baby" – The Ronettes

Lado B

"Lindo Balão Azul" – Guiherme Arantes

"Além do Horizonte" – Roberto Carlos

"Qualquer Bobagem" – Pato Fu

"História de Uma Gata" – Saltimbancos

"Gostava Tanto de Você" – Tim Maia

"Meu Limão Meu Limoeiro" – Wilson Simonal

"Panis et Circenses" – Os Mutantes

"É uma Partida de Futebol" – Skank

"À Sua Maneira" – Capital Inicial

"Anna Julia" – Los Hermanos

Rodrigo James
(jornalista e trupe Alto-Falante)

Em primeiro lugar, é extremamente difícil escolher "apenas" 20 músicas. Cada artista abaixo mereceria umas três músicas na mixtape. O que já abre a possibilidade de fazer os volumes 2, 3, 4....

Em segundo lugar, quando estava fazendo, fiquei me achando meio óbvio. Mas aí percebi que estava óbvio demais para mim, que conheço todas as músicas, já ouvi demais e muitas delas foram amplamente executadas em rádios e afins. Portanto, o caminho é exatamente este! Para que as meninas no futuro possam ter um gosto e ouvir coisas legais, tem que começar pelo que foi sucesso, pelo que todo mundo gosta/gostava... enfim, pelo óbvio!

Em terceiro lugar, privilegiei os 60s e 70s. Nada contra as coisas atuais, mas acho que temos que começar lá atrás.

"At Least That's What You Said" – Wilco
"I Want You (She's So Heavy)" – The Beatles
"Soul Kitchen" – The Doors
"Since I've Been Loving You" – Led Zeppelin
"Under My Thumb" – The Rolling Stones
"Our House" – Crosby, Stills, Nash & Young
"Life on Mars" – David Bowie
"I Feel the Earth Move" – Carole King
"Forever Young" – Bob Dylan
"Boy from Lawrence County" – Felice Brothers
"The Weight" – The Band
"Wild Wood" – Paul Weller
"Late Night, Maudlin Street" – Morrissey
"You Little Fool" – Elvis Costello & The Attractions
"Bad" – U2 (ao vivo)
"Born To Run" – Bruce Springsteen
"Paranoid Android" – Radiohead
"Free Fallin'" – Tom Petty & The Heartbreakers
"Golden Slumbers" – The Beatles
"Tired of Being Alone" – Al Green

Thiago Pereira
(jornalista e trupe Alto-Falante)

"Blackbird" – The Beatles
"Ruby Tuesday" – The Rolling Stones
"Signed, Sealed, Delivered" – Stevie Wonder
"Song to the Siren" – Tim Buckley
"The Dolphins" – Fred Neil
"Motion Pictures" – Neil Young
"America" – Simon and Garfunkel
"It's Alright" – Black Sabbath
"Night Flight" – Led Zeppelin
"Quicksand" – David Bowie
"Makes no Sense at All" – Hüsker Dü
"Geno" – Dexy's Midnight Runners
"The Headmaster Ritual" – The Smiths
"The Lovecats" – The Cure
"Waterfall" – Stone Roses
"Mockingbirds" – Grant Lee Buffalo
"Weird Fishes" – Radiohead
"Last Goodbye" – Jeff Buckley
"Pot Kettle Black" – Wilco
"Bar Lights" – Whiskeytown

Diego Maia
(jornalista e @diegomaia)

"Carinhoso" – Pixinguinha

"Preta Pretinha" – Novos Baianos

"Último Romance" – Los Hermanos

"With a Little Help from My Friends" – The Beatles

"God Only Knows" – Beach Boys

"Rich Girl" – Nina Simone

"Superstition" – Stevie Wonder

"Rebel Rebel" – David Bowie

"The Love You Save" – Jackson 5

"Ladies and Gentlemen We're Floating in Space" – Spiritualized

"Thirteen" – Big Star

"Wouldn't Mama Be Proud?" – Elliott Smith

"All My Friends" – LCD Soundsystem

"There is a Light That Never Goes Out" – The Smiths

"Don't Look Back in Anger" – Oasis

"Debaser" – Pixies

"Neil Jung" – Teenage Fanclub

"Rocks Off" – The Rolling Stones

"The Model" – Kraftwerk

Mário Marques
(jornalista)

"Calico Skies" – Paul McCartney

"Iracema Voou" – Chico Buarque

"Roxanne" – The Police

"Marlene Dietrich´s Favourite Poem" – Peter Murphy

"Mascarada" – Zé Keti (com Elton Medeiros)

"Samara" – Erik Truffaz

"Sentado à Beira do Caminho" – Erasmo Carlos

"A Certain Smile" – Johnny Mathis

"Isabella" – Tom Jobim

"My Yard" – Jamie Cullum

"Passeando" – Marcelo Camelo

"22: The Death of All the Romance" – The Dears

"Gabriel" – Beto Guedes (com Ronaldo Bastos)

"Dragons" – Prefab Sprout

"Seven Seas" – Echo & The Bunnymen

"On the Water" – The Walkmen

"Canção Postal" – Lô Borges (com Ronaldo Bastos)

"Berlin" – Marillion

"Diana" – Boca Livre

"Verão em Calcutá" – Nei Lisboa

Manoel Lauand
(editor e pai: de livros e filhos)

Musicoterapia

"Don't Stop Believin'" – Journey (com Steve Perry nos vocais)
Alguns ganharão e outros perderão, mas nunca deixe de acreditar.

"Tente Outra Vez" – Raul Seixas
Música autoajuda onde a letra diz tudo.

"Good Riddance (Time of Your Life)" – Green Day
Você está envelhecendo; é melhor aproveitar a juventude.

"Epitáfio" – Titãs
As sábias palavras de Sérgio Britto ensinam que sempre é tempo de mudar o modo como você vive a vida.

"Everybody's Changing" – Keane
Para os dias em que você se sente diferente de todo mundo.

"Quase Sem Querer" – Legião Urbana
Não é preciso provar nada pra ninguém; seja você mesmo!

"Boy's Don't Cry" – The Cure
Sim, meninos também podem chorar, principalmente quando pisam na bola.

"Como uma Onda (Zen-Surfismo)" – Lulu Santos
A parceria de Lulu e Nelson Motta criou uma analogia matadora: "Tudo passa, tudo sempre passará. A vida vem em ondas como um mar."

"I Will Survive" – Cake
A versão masculina do megassucesso de Gloria Gaynor que ajuda a superar uma decepção amorosa.

"Old Apartment" – Barenaked Ladies
De vez em quando os relacionamentos acabam e você não quer esquecer o passado.

Meus Clássicos

"Mestre Jonas" – Sá, Rodrix & Guarabyra
Mestre Rodrix já subiu pro céu, mas esta canção é eterna!

"Don't Stop Me Now" – Queen
Música que faz você se sentir vivo e querer celebrar a vida.

"Mr. Jones" – Counting Crows
Porque todo mundo quer brilhar um dia.

"Santeria" – Sublime
A letra é "um soco no estômago", mas a melodia é contagiante.

"Frevo Mulher" – Zé Ramalho
Zé Ramalho estava inspirado quando escreveu esta fantástica poesia em forma de música.

"Down Under" – Men at Work
Os globetrotters australianos mostram orgulho pelas tradições de seu país.

"Piece of My Heart" – Janis Joplin
Minha versão é a do álbum Cheap Thrills, quando Janis era vocalista da Big Brother and the Holding Company. Você sofre junto com ela!

"Creep" – Radiohead
Canção deprê e, ao mesmo tempo, linda e forte; um hino para os perdedores.

"Welcome to the Black Parade" – My Chemical Romance
Um dia, todo mundo vai reconhecer esta música como a "Bohemian Rhapsody" do século 21.

"Stan" – Eminem & Elton John
O histórico encontro do rei do pop com o rei do rap no Grammy.

Luiz Cesar Pimentel
(pai da Nina e da Lola. E jornalista)

Para Nina

"Back in Black" – AC/DC
Você nem falava, mas adorava essa música (de um comercial da TV). E quando tocava, nós dois ficávamos batendo cabeça acompanhando, e você morria de rir. Tinha que ter AC/DC, mas fiquei na dúvida de colocar esta, "Rock´n´Roll Damnation" ou "Hells Bells". Não fique você também – ouça as três.

"Fruto do Nosso Amor (Amor Perfeito)" – Amado Batista
Um dia o texto e interpretação do Amado Batista o levarão à condição de Morrissey brasileiro. Certeza.

"She Loves You" – The Beatles
TUDO começou aqui.

"September Gurls" – Big Star
Ninguém entendeu tão bem a lição da importância da melodia como eles.

"California Stars" – Billy Bragg & Wilco
Nina, da mixtape que fiz para tocar na sala de parto, você escolheu nascer quando tocava esta música. Uma ótima escolha, diria.

"Terminal Love" – The Boys
Ensina que o melhor (da cena punk 77, no caso) nem sempre é o mais reconhecido.

"Senhor das Moscas" – Cascadura
Queria ter escrito esta letra: "(...) Meu velho me salva! Me livra da mágoa/ Transforma em asas minha cruz/Senhor das Moscas, nas horas mais loucas de escuridão me acende a luz".
Queria ter escrito esta música.

"Sonho Médio" – Dead Fish
Hino do melhor disco de hardcore brasileiro da história.

"Yankee Bayonet (I Will Be Home Then)" – Decemberists
Quando tudo tende à banalização para consumo imediato, eles se mantêm como foco de resistência de capricho na equação melodia + arranjos + letras.

"Paradise City" – Guns N´Roses
Da época em que videoclipes eram relevantes para a música. Neste, quando Axl arranca os óculos e começa a bater cabeça, decreta o final da década de 1980, conforme a conhecemos.

"Hard Luck Woman" – Kiss
Registraram em pedra (rock, em inglês) o que seria o hard rock, a diversão e o marketing da música dos anos 1970 para sempre.

"Guerreiros do Metal" – Korzus
Se para o mundo o Slayer é sinônimo de grupo que não mexeu uma vírgula naquilo que acreditava como música (pesada) e atitude, seu par brasileiro é o Korzus. Aqui, a música que os definiu e define.

"Phantom Lord" – Metallica
Podia ser qualquer uma do Kill´em All. Ou do Ride the Lighting. Depois eles tomaram uma rota mais palatável que os levou ao posto de maior grupo de rock do mundo, na virada dos anos 1990. Mas os dois primeiros discos são como Dorian Grey – simplesmente não envelhecem.

"Ace of Spades" – Mötorhead
Se Elvis é o rei do rock, Lemmy é o rei de todo o resto.

"Capítulo 4, Versículo 3" – Racionais MC's
Houve um dia em que o rap se tornou gigante no país. Essa música legitima isso.

"Anarchy in the UK" – Sex Pistols

Quando ouvi pela primeira vez (e entendi) o "I am an antichrist/I am an anarchist/I wanna destroy" era muito forte. Continua sendo. Música serve pra expurgar. E ninguém foi e será mais punk que os Pistols.

"Raining Blood" – Slayer

Melhor música do melhor disco de todos os tempos. Não há nada a dizer além disso.

"Animal Nitrate" – Suede

O melhor do britpop não estava na briguinha de Oasis x Blur, mas nas criações de Brett Anderson e Bernard Butler.

"Hey Amigo" – Cachorro Grande

Obra-prima do rock brasileiro. As Próximas Horas Serão Muito Boas é um grito de raiva e libertação. E "Hey Amigo" é o grito mais alto do disco.

"Sheena is a Punk Rocker" – Ramones

Podia colocar aqui umas 432 dos Ramones. "Sheena is..." é apenas mais uma ótima dos caras que colocaram o pé na tábua do rock´n´roll.

"Talking in my Sleep" – The Romantics

A linha de baixo e as explosões da bateria, sem contar os penteados, o clipe e as roupas. Nada foi mais anos 1980 que isso. Mas a música é excelente.

"Far Beyond the Sun" – Yngwie Malmsteen

O cara juntou Paganini e heavy metal, fez escola, treinou até atingir níveis estratosféricos de notas por segundo na guitarra, e ainda o chamam de brega.

"Mr. Crowley" – Ozzy Osbourne

Depois de criar o heavy metal com Black Sabbath e ser expulso; renasceu, descobriu Randy Rhoads e cometeu obras-primas como esta.

Para Lola

"Across the Universe" – The Beatles

Os Beatles são aqueles quatro caras que conseguem pegar um refrão como "Jai Guru Deva Om" e transformar isso em uma das músicas mais bonitas já feitas pelos seres humanos.

"Preciso me Encontrar" – Cartola

Nunca gostei de samba e nunca achei que gostaria. Mas Cartola me dobrou.

"I Am the Cosmos" – Chris Bell

Big Star, o maior grupo dos anos 1970, era basicamente Alex Chilton + Chris Bell. Por ter morrido cedo, meio que ficou para a história que o gênio era Chilton. Não era.

"Burning Love" – Elvis Presley

Minha fase favorita é a do começo dos anos 1970, quando emprestou quimono como inspiração pro figurino e dava golpes de caratê no palco. Mas acho que nesta música ele foi mais rei do rock que nunca.

"My Sweet Lord" – George Harrison

George falava pouco. Mas quando o fazia, era sublime.

"Woman" – John Lennon

Não sei o quanto essa música me deixa feliz ou triste. Feliz pela beleza, claro. E triste porque tocava sem parar quando a maior injustiça individual da humanidade foi cometida – um cara como Mark Chapman acabar com a vida de um cara como John Lennon.

"On the Evening Train" – Johnny Cash

Man in Black. Já no finalzinho da vida. A voz entrega esse desfecho. O disco é póstumo. A letra acompanha o clima.

"Lola" – The Kinks

Preciso explicar?

"Shout at the Devil" – Mötley Crüe

Quando ouço esta música tenho a sensação quase física da primeira vez em que peguei o vinil, capa negra, tirei do plástico, fechei a porta do quarto e coloquei o volume lá pra cima e a agulha no acetato para a abertura com "In the Beginning" (tem que ouvir a abertura para o pacote ficar completo). Dá quase pra sentir o cheiro do momento.

"Powderfinger" – Neil Young

A guitarra e a voz de Neil Young. Um cara que conhece bem seus limites. E sempre os supera com beleza ímpar.

"In the Aeroplane Over the Sea" – Neutral Milk Hotel

Se me perguntarem se este disco é o melhor da história, acima de Reign in Blood, fico na dúvida. Mas quando o escuto, digo sim (isso acontece com Slayer também). Ouça como quem lê um livro: pegue o encarte, em um lugar tranquilo, e vá da primeira à última faixa.

"Cut Your Hair" – Pavement

O supra-sumo do indie dos anos 1990.

"Save Me" – Queen

Porque às vezes é você contra o mundo, achando que o verdadeiro gênio do Queen é Brian May e não Freddie Mercury.

"Paranoid Android" – Radiohead

Um dia me disseram que essa era a música mais bonita já feita. Eu concordei.

"O Portão" – Roberto Carlos

O rei nu e no auge.

"There is a Light That Never Goes Out" – The Smiths

Lola, da mixtape que fiz para tocar na sala de parto, você escolheu nascer quando tocava esta música. Uma ótima escolha, diria.

"Heaven & Hell" – Black Sabbath
Sei que Black Sabbath é mais cultuado pelos anos e discos com Ozzy, mas meus álbuns preferidos são com Dio.

"Lugar do Caralho" – Júpiter Maçã
Um dia fui discotecar antes de um show do Júpiter. E fiquei para assisti-lo. Antes de tocar esta, ele falou: "me disseram que escrevi um hino. Esta música". Eu concordo.

"I´ll be There for You" – Bon Jovi
Sabe o que é power ballad? Se não, comece pela maior de todas.

"Último Desejo" – Nelson Gonçalves (cantando Noel Rosa)
Porque eu costumava odiar as músicas que meus pais ouviam no carro. Menos as deste disco.

"Viva o Chopp Escuro" – Ronnie Von
Quem não conhece o que o Ronnie Von fez no começo de carreira não conhece o que o Ronnie Von fez de incrível.

Gastão Moreira
(VJ e jornalista)

"Baba O'Riley" – The Who

"Life on Mars?" – David Bowie

"Tonight's the Night" – Neil Young

"Do the Strand" – Roxy Music

"Maggot Brain" – Funkadelic

"Inner City Blues" – Marvin Gaye

"The End" – The Doors

"Don't Stop 'Til You Get Enough" – Michael Jackson

"Take Yo Praise" – Camille Yarbrough

"Bela Lugosi's Dead" – Bauhaus

"Ever So Lonely" – Sheila Chandra

"Glory Box" – Portishead

"Des Armes" – Noir Desir

"Black Napkins" – Frank Zappa

"Jane Says" – Jane's Addiction

"Ride On" – AC/DC

"London Calling" – The Clash

"Eu Te Amo" – Tom Jobim & Chico Buarque

"O Quereres" – Caetano Veloso

"O Homem da Gravata Florida" – Jorge Ben

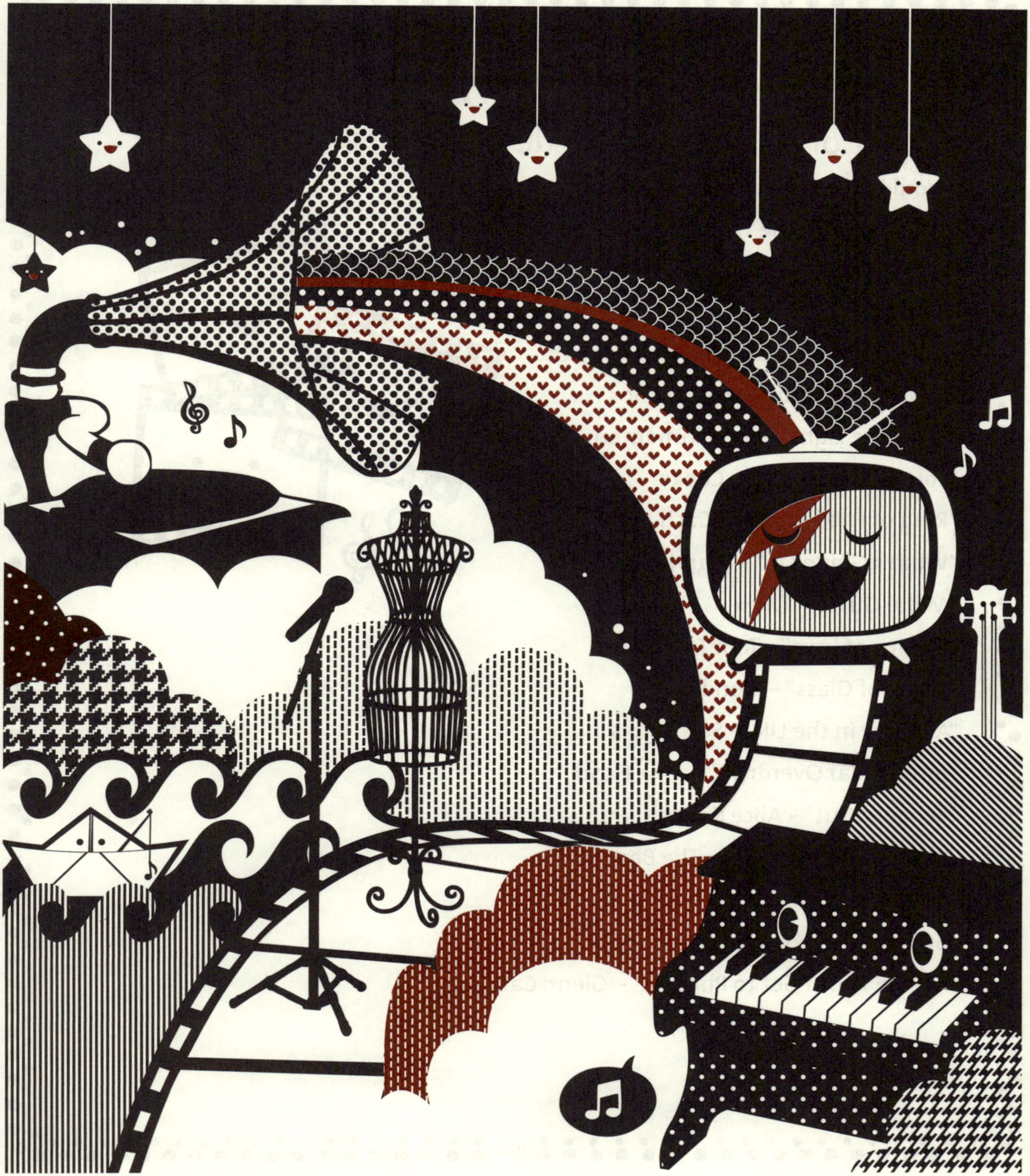

Carlos Eduardo Miranda
(produtor e apresentador de TV)

"Wouldn't It Be Nice" – The Beach Boys
"Surfin' Bird" – The Trashmen
"Cars" – Gary Numan
"Numbers" – Kraftwerk
"Life on Mars" – David Bowie
"Love is the Drug" – Roxy Music
"I Saw the Light" – Todd Rundgren
"You Send Me" – Sam Cooke
"Ring of Fire" – Johnny Cash
"What's Going On" – Marvin Gaye
"Metal Guru" – T. Rex
"Genius of Love" – Tom Tom Club
"Heart of Glass" – Blondie
"Anarchy in the UK" – Sex Pistols
"Interstellar Overdrive" – Pink Floyd
"School's Out" – Alice Cooper
"Across The Universe" – The Beatles
"Venus in Furs" – The Velvet Underground
"Suzanne" – Leonard Cohen
"By the Time I Get to Phoenix" – Glenn Campbell

Gui Boratto
(DJ e produtor)

"Gnossienne Nº 3" – Erik Satie

"Heaven & Hell" – Black Sabbath

"Everybody Wants to Rule the World" – Tears For Fears

"Owner of a Lonely Heart" – Yes

"Beyond The Sea (La Mer)" – George Benson

"My Funny Valentine" – Frank Sinatra

"Sinfonia Nº 25 em Sol Menor, K. 183" – W. A. Mozart

"The Day I Tried to Live" – Soundgarden

"Adiós Nonino" – Astor Piazzolla

"Black Celebration" – Depeche Mode

"Temptation" – New Order

"The Killing Moon" – Echo & The Bunnymen

"Shout at the Devil" – Mötley Crüe

"Detroit Rock City" – Kiss

"This Charming Man" – The Smiths

"Situation" – Yazoo

"A Forest" – The Cure

"Black Planet" – Sisters of Mercy

"The Ides of March" – Iron Maiden

"Radioactivity" – Kraftwerk

Sérgio Marone
(ator)

"Love me Tender" – Elvis Presley
"Cry me a River" – Joe Cocker
"Footloose" – Cibelle (*Hollywood, Mon Amour*)
"I've Got You Under my Skin" – Frank Sinatra
"All my Loving" – The Beatles
"Spreadin' Rhythm Around" – Billie Holiday (Lady Bug vs. Lady Day RR Remix)
"Alegria Alegria" – Caetano Veloso
"Smile" – Janelle Monáe
"Summertime" – Janis Joplin
"Balanço Zona Sul" – Wilson Simonal
"For Once in My Life" – Stevie Wonder
"Live With Me" – Massive Attack
"All I Really Want is Love" – Henri Salvador & Lisa Ekdahl
"You Do Something to Me" – Ella Fitzgerald
"Refazenda" – Gilberto Gil
"One Love" – Bob Marley
"Something" – The Beatles
"Come Together" – The Beatles
"Hakuna Matata" – Joseph Williams (*O Rei Leão*)
"Dream a Little Dream of Me" – Ella Fitzgerald

Rick Bonadio
(produtor)

"Eleanor Rigby" – The Beatles
"Estudo Opus 10, Nº 3" – Chopin
"Back in Black" – AC/DC
"Smoke on the Water" – Deep Purple
"My Name Is" – Eminem
"I Feel Good" – James Brown
"Billie Jean" – Michael Jackson
"Bichos Escrotos" – Titãs
"Inútil" – Ultraje a Rigor
"Índios" – Legião Urbana
"Bohemian Rhapsody" – Queen
"Eu Sei que Vou te Amar" – Tom Jobim
"O Coro Vai Comê!" – Charlie Brown Jr.
"Cedo ou Tarde" – NX Zero
"A Morte do Carreiro" – Tião Carreiro e Pardinho
"Trem das Onze" – Adoniran Barbosa
"London Calling" – The Clash
"Surfin' Bird" – Ramones
"Bem que se Quis" – Marisa Monte
"Computer Love" – ZAP

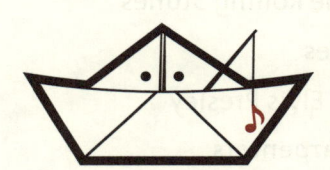

Rodrigo Faro
(cantor, apresentador e pai da Clara e da Maria)

Internacionais
"Satisfaction" – The Rolling Stones
"Help" – The Beatles
"Jailhouse Rock" – Elvis Presley
"Close to You" – Carpenters
"Bohemian Rhapsody" – Queen
"Live and Let Die" – Paul McCartney
"Overjoyed" – Stevie Wonder
"Smoke on the Water" – Deep Purple
"Rock with You" – Michael Jackson
"Sunday Bloody Sunday" – U2

Nacionais
"As Rosas não Falam" – Cartola
"Carinhoso" – Pixinguinha
"Como Nossos Pais" – Elis Regina
"Tenha Calma" – Djavan
"País Tropical" – Jorge Ben
"Do Leme ao Pontal" – Tim Maia
"João e Maria" – Chico Buarque
"Detalhes" – Roberto Carlos
"Alegria, Alegria" – Caetano Veloso
"Palco" – Gilberto Gil

Ronaldo Fraga
(estilista)

"A Banda" – Chico Buarque
"Tem Gato na Tuba" – João De Barro
"Carinhoso" – Pixinguinha
"Odeon" – Ernesto Nazareth
"João Valentão" – Dorival Caymmi
"Pierrô Apaixonado" – Noel Rosa
"Desafinado" – João Gilberto
"Canto de Ossanha" – Baden Powell
"Canjiquinha" – Antônio Nóbrega
"Qui Nem Jiló" – Gonzagão
"Rosa dos Ventos" – Maria Bethânia
"Não Identificado" – Caetano Veloso
"Vou Vivendo" – Pixinguinha
"Adeus Batucada" – Carmen Miranda
"Passaredo" – Chico Buarque
"Por Causa de Você" – Dolores Duran
"Meus Tempos de Criança" – Ataulfo Alves
"Samba do Avião" – Tom Jobim
"Dia dos Pais" – Zé Coco do Riachão
"San Vicente" – Milton Nascimento

Rodrigo Lariú
(produtor e jornalista)

"Soon" – My Bloody Valentine

"Far Gone and Out" – Jesus & Mary Chain

"Twisterella" – Ride

"Não Sei Jogar" – Astromato

"Hazey Jane II" – Nick Drake

"I'll Be Your Mirror" – Velvet Underground

"Samba Dada" – Casino

"Ain't no Mountain High Enough" – Marvin Gaye & Tammi Terrel

"Precious Mountain" – Quickspace

"Fool's Gold" – Stone Roses

"Cybele's Reverie" – Stereolab

"Alone Again Or" – Love

"Atta Girl" – Heavenly

"Out of Focus" – Love Battery

"Cattle & Cane" – Go Betweens

"Range Life" – Pavement

"10:15 Saturday Night" – The Cure

"40 Days" – Slowdive

"Revolution" – Spacemen 3

"Even If The Sun Goes Down (I'll Surf)" – Pelvs

Cristiana Arcangeli
(apresentadora de TV, empresária)

"Sorte" – Gal Costa & Caetano Veloso
"Further On" – Bruce Springsteen
"Love Song" – Sara Bareilles
"A New Day Has Come" – Céline Dion
"Baby When the Light" – David Guetta
"Love the Way You Lie" – Eminem & Rihanna
"Love Generation" – Bob Sinclair
"I Gotta Feeling" – Black Eyed Peas
"Love Songs" – Barry White
"Viva la Vida" – Coldplay
"Truth For a Truth" – Jakob Dylan
"One" – U2
"À Sua Maneira" – Capital Inicial
"É Preciso Saber Viver" – Titãs
"Beija Eu" – Marisa Monte
"Dois Rios" – Skank
"Vamos Fugir" – Gilberto Gil
"4 Minutes" – Madonna
"If I Had Eyes" – Jack Johnson
"Velha Infância" – Tribalistas

Fábio Massari
(Reverendo, diretor de rádio e ex-VJ)

"O Vira" – Secos e Molhados
"Coisas da Vida" – Rita Lee
"Eu Quero é Botar Meu Bloco Na Rua" – Sergio Sampaio
"Jesus Cristo" – Roberto Carlos
"Anjos do Sul" – Os Mutantes
"Criaturas da Noite" – O Terço
"História de uma Gata" – Chico Buarque
"Admirável Gado Novo" – Zé Ramalho
"Beleza Pura" – A Cor do Som
"Pavão Misterioso" – Ednardo
"Suspicious Minds" – Elvis Presley
"Let's Spend the Night Together" – The Rolling Stones
"Daytona Demon" – Suzi Quatro
"Hard Hearted Alice" – Alice Cooper
"Philadelphia Freedom" – Elton John
"Mind Games" – John Lennon
"Calling Occupants of Interplanetary Craft" – Carpenters
"Life on Mars?" – David Bowie
"Runaway" – Del Shannon
"From Here to Eternity" – Giorgio Moroder

André Vasco
(apresentador de TV)

"Eleanor Rigby" – The Beatles *(a maior banda do mundo de todos os tempos, onde todos bebem, simples e sofisticado ao mesmo tempo)*

"Beethoven: Nona Sinfonia (Ode à Alegria)" – Beethoven *(hino do Velho Continente; musica da época do Iluminismo; totalmente positivista e que foi finalizada após 30 anos; tatuei ela no meu braço!)*

"Highway to Hell" – AC/DC

"Intergalactic" – Beastie Boys

"Evidências" – Chitãozinho e Xororó

"Luiza" – Tom Jobim

"Imitation of Life" – R.E.M.

"I Saw You Saying" – Raimundos

"Ex-Quadrilha Da Fumaça" – Planet Hemp

"Maracatu Atômico" – Chico Science & Nação Zumbi

"Malandro é Malandro e Mané é Mané" – Bezerra da Silva

"As Rosas Não Falam" – Cartola

"Sympathy for the Devil" – The Rolling Stones

"Hurricane" – Bob Dylan

"I Want You Back" – Jackson 5

"Suck My Kiss" – Red Hot Chili Peppers

"No Woman, No Cry" – Bob Marley

"Killing me Softly" – Omara Portuondo *(Buena Vista Social Club)*

"Quanto ao Tempo" – Carlinhos Brown *(na minha opinião, o maior artista da Bahia, um cara incompreendido pela mídia e artista visceral!)*

"Nine Out of Ten" – Caetano Veloso *(melhor disco dele:* Transa, *logo após o exílio)*

Rafael Ramos
(produtor)

"Smells Like Teen Spirit" – Nirvana
"Stir it Up" – Bob Marley
"Give it Away" – Red Hot Chili Peppers
"A Love Supreme" – John Coltrane
"So What" – Miles Davis
"Muito Romântico" – Caetano Veloso
"Imagine" – John Lennon
"Águas de Março" – Tom Jobim & Elis Regina
"In The Fade" – Queens of the Stone Age
"To Be Alone With You" – Bob Dylan
"Waiting Room" – Fugazi
"Where is my Mind" – Pixies
"I Saw Her Standing There" – The Beatles
"Happy" – The Rolling Stones
"Wake Up" – Arcade Fire
"My Sweet Lord" – George Harrison
"Hello Sunshine" – Super Furry Animals
"Os Alquimistas Estão Chegando" – Jorge Ben
"Stand By Me" – Ben E. King
"I Wanna Be Sedated" – Ramones
"Epic" – Faith No More

André T
(produtor)

"All Blues" – Miles Davis

"Maiden Voyage" – Herbie Hancock

"Round Midnight" – Thelonious Monk

"Prélude à l'après-midi d'un Faune" – Claude Debussy

"Gymnopédies" – Erik Satie

"Concertos de Brandemburgo" – Johann Sebastian Bach

"Paixão Segundo São Mateus" – Johann Sebastian Bach

"Live and Let Die" e "From a Lover to a Friend" – Paul McCartney

"Woman" – John Lennon

"A Day in the Life" e "In My Life" – The Beatles

"God Only Knows" e "In My Room" – Beach Boys

"Charriot" – Dodô e Osmar

"Red & Discipline" – King Crimson

"Washing Off the Water" – Peter Gabriel

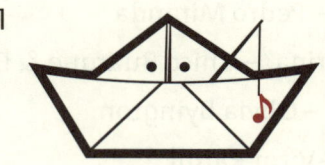

Mauricio Bussab
(Tratore Discos)

"Mamãe Natureza" – Rita Lee

"Meu Gato Morreu" – Rubinho Jacobina

"Noite Sendo" – Hermelino Neder & Santos Football Music

"Genesis" – Doces Bárbaros

"Cachorro Vira-Lata" – Maria Alcina

"O Pato" – João Gilberto

"The Yeah Yeah Yeah Song" – Flaming Lips

"All the Single Ladies" – Beyoncé

"Boom Boom Pow" – Black Eyed Peas

Qualquer uma da Lady Gaga

"O Leãozinho" – Caetano Veloso

O disco inteiro *Carnaval Turbilhão* do Mauricio Pereira

O disco inteiro *Acabou Chorare* dos Novos Baianos

"O Sapo no Saco" – Pedro Miranda

"Ciranda da Bailarina" – Chico Buarque & Edu Lobo (*O Grande Circo Místico*)

"Cavalo Marinho" – Olivia Byington

"Estrela, Estrela" – Vitor Ramil

"Lua, Lua, Lua, Lua" – Gal Costa

"Zepelin" – Sá, Rodrix e Guarabyra

Autumn Sonnichsen
(fotógrafa)

"Jolene" – Dolly Parton

"The Treehouse Song" – Ane Brun

"Closer to Fine" – Indigo Girls

"Moon" – George Winston

"Cherish" – Nina Simone

"There is a Light that Never Goes Out" – The Smiths

"Os Alquimistas Estão Chegando" – Jorge Ben

"Box of Rain" – Grateful Dead

"Fly me to the Moon" – Julie London

"Just for You" – Sam Cooke

"Chain Gang" – Sam Cooke

"Canta lo Sentimental" – Omara Portuondo

"La Bamba" – Ritchie Valens

"Oh Good Grief" – Vince Guaraldi Trio

"Heart of Gold" – Neil Young

"Another Day" – Jamie Lidell

"California" – Joni Mitchell

"Flor do Cerrado" – Gal Costa

"Fita Amarela" – Aracy de Almeida & Noel Rosa

"Piano Sonata Nº 28 in A Major" – Beethoven

"Body and Soul" – Billie Holiday

Mauricio Ricardo
(Os Seminovos e charges.com)

Você me pediu uma missão impossível. Segui 100% minha intuição. Espero não enlouquecer as meninas. Ou não.

"I Want to Hold Your Hand" – The Beatles *(porque é Beatles e alegre)*

"Killer Queen" – Queen *(elas têm de conhecer o Freddie no auge)*

"Ballroom Blitz" – The Sweet *(um bubblegum delicioso, melhor glitter ever)*

"O Vira" – Secos & Molhados *(é quase uma canção infantil, mas foi um tapa na cara do preconceito)*

"And You, And I" – Yes *(vai que elas curtem progressivo...)*

"Firth of Fifth" – Genesis *(vai que elas curtem progressivo e queiram passar pro nível 2...)*

"Porque te Vas" – Jeanette *(porque é fofa)*

"Proclamation" – Gentle Giant *(meus filhos adoravam girar comigo, em torno da mesa de jantar, fazendo danças esquisitas / vai que elas curtem progressivo e queiram passar pro nível 3...)*

"Video Killed the Radio Star" – Buggles *(descreve o fim de uma era, com doçura)*

"ABC" – Jackson 5 *(Michael lindo, pequeno e negro)*

"Pass the Dutch" – Musical Youth *(me lembra crianças e até hoje sobe meu astral)*

"I Love Rock'n Roll" – Joan Jett *(pra mostrar que mulher pode ter colhões)*

"Save Me" – Aimee Mann *(porque mulher pode ser poética, sensível e, claro, feminina)*

"The Model" – Kraftwerk *(pra você explicar o dia em que o eletrônico substituiu o eletroacústico)*

"D'yer Maker" – Led Zeppelin *(para elas depois aprenderem a gostar de Black Dog)*

"Take me Out" – Franz Ferdinand *(pra elas saberem o poder das releituras)*

"Grace Kelly" – Mika *(pra elas saberem o poder das releituras #2)*
"Reel Around the Fountain" – The Smiths *(porque não é só o pai delas que gosta)*
"Rock and Roll All Nite" – Kiss *(elas precisam vê-los cantando maquiados)*
"Bike" – Pink Floyd *(pode cortar a parte do ganso psicodélico no final)*

Edgard Almeida Prado
(produtor)

"Subterranean Homesick Alien" – Radiohead
"Bones" – Radiohead
"Welcome Home (Sanitarium)" – Metallica
"Metal Militia" – Metallica
"Black Magic" – Slayer
"Heaven and Hell" – Black Sabbath
"Stay Away" – Nirvana
"Got to Get You into My Life" – The Beatles
"Bohemian Rhapsody" – Queen
"She's Only 18" – Red Hot Chili Peppers
"All Because of You" – U2
"Cornerstone" – Arctic Monkeys
"Let me Put my Love Into You" – AC/DC
"Headhunter" – Front 242
"Go With the Flow" – Queens Of The Stone Age
"Death and All His Friends" – Coldplay
"A Bad Dream" – Keane
"Heroes" – David Bowie
"High´n´Dry (Saturday Night)" – Def Leppard
"The Real Thing" – Faith No More

Aqui começa a diversão: faça sua própria lista de músicas e peça para os seus amigos fazerem a deles!

Agradecimentos: Fernanda Couto, Marcão, Piky, Debora Dubin, Marina Avellar, Camila Tavares, Bruna Mattos, Aline Assis, Lena Pelosi, Ana Sofia Aschenbach, Carola Gonzalez, Belinha Almendra, Susana Ribeiro, Ana Claudia Evangelista, Rosane Medeiros, Angela Azevedo, Christian Rôças, André dos Santos, Leticia Flores.

Conheça outros títulos da editora em:
www.pensamento-cultrix.com.br